Kirsten Frielinghausen-Labitzky

Gudrun Heinrichmeyer

DIE FAMILIEN GLÜCKS FORMEL

VIELE WEGE IN EIN GLÜCKLICHES FAMILIENLEBEN

Remote Verlag

www.remote-verlag.de

Haftungsausschluss:
Die Ratschläge im Buch sind sorgfältig erwogen und geprüft. Alle Angaben in diesem Buch erfolgen ohne jegliche Gewährleistung oder Garantie seitens des Autors und des Verlags. Die Umsetzung erfolgt ausdrücklich auf eigenes Risiko. Eine Haftung des Autors bzw. des Verlags und seiner Beauftragten für Personen-, Sach- und Vermögensschäden oder sonstige Schäden die durch die Nutzung oder Nichtnutzung der Informationen bzw. durch die Nutzung fehlerhafter und/oder unvollständiger Informationen verursacht wurden, sind ausgeschlossen. Verlag und Autor übernehmen keine Haftung für die Aktualität, Richtigkeit und Vollständigkeit der Inhalte ebenso nicht für Druckfehler. Es kann keine juristische Verantwortung sowie Haftung in irgendeiner Form für fehlerhafte Angaben und daraus entstehende Folgen von Verlag bzw. Autor übernommen werden.

Sollte diese Publikation Links auf Webseiten Dritter enthalten, so übernehmen wir für deren Inhalte keine Haftung, da wir uns diese nicht zu eigen machen, sondern lediglich auf deren Stand zum Zeitpunkt der Erstveröffentlichung verweisen.

Bibliografische Informationen der Deutschen Nationalbibliothek

Die Deutsche Nationalbibliothek verzeichnet diese Publikation in der Deutschen Nationalbibliografie; detaillierte bibliografische Daten si nd im Internet über http://dnb.dnb.de abrufbar.

1.Auflage

Redaktion: Isabelle Müller
Lektorat und Korrektorat: Lara Voelter, Annika Hülshoff
Umschlaggestaltung: Janina Pfeffer
Satz und Layout: Kaya Schwertner
Abbildungen im Innenteil: © Kaya Schwertner, Gudrun Heinrichmeyer und Kirsten Frielinghausen-Labitzky

ISBN Print: 978-1-955655-27-9
ISBN E-Book: 978-1-955655-28-6

www.remote-verlag.de

Widmung

Für
Julian und Cederic.
Für
meine Sternschnuppe Amelie.
Ich liebe euch!
Eure Kirsten

Für
meine Familie.
Ich liebe euch von ganzem Herzen!
Eure Gudrun

MIX
Papier aus verantwortungsvollen Quellen
Paper from responsible sources
FSC® C105338

INHALT

VORWORT

Unser Buch thematisiert nützliche innere Haltungen, die dir helfen, glücklich zu sein. Es handelt vom Alltag, seinen Chancen und Tücken und wie dir das Neurolinguistische Programmieren (kurz NLP) dabei helfen kann, diesen Alltag gut zu bewältigen. Wir möchten dich bei einem liebevollen Umgang mit dir selbst und deiner Familie unterstützen; ebenso bei einer Erziehung, die das Lebensglück, den Erfolg und das Selbstbewusstsein deiner Kinder stärkt.

Dein Körpergefühl kann dir hierbei als Wegweiser dienen, der dir zeigt, ob du auf dem richtigen Weg bist, und wie du leicht und sicher nachsteuern kannst, wenn du einmal von deinem gewünschten Pfad abgekommen bist.

Hierfür gibt es im Buch nicht nur theoretische Hintergründe und selbsterlebte unterhaltsame Geschichten aus dem Alltag, sondern vor allem viele Anleitungen für kleine Übungen und mentales Training. Zwei Trancen kannst du auch als Audiodatei herunterladen, denn Mentaltraining ist ein genialer Weg, um sich spielerisch neue Verhaltens- und Denkweisen anzueignen.

Das oberste Gebot für Eltern ist, dass es ihnen gut geht und dass sie gut für sich sorgen, denn nur so können sie sich zuverlässig und optimal um ihre Kinder kümmern und ihnen als Vorbild dienen.

Kinder sollten am Handeln ihrer Eltern erkennen können, dass Glück und Zufriedenheit wichtige und schützenswerte Güter sind– und zwar für alle Beteiligten.

Die Übungen im Buch haben wir jeweils gekennzeichnet, sodass du sie schnell finden und auch als Notfallset nutzen kannst, wenn es in der Familie einmal weniger rund läuft, wenn die Laune schlecht ist oder sich Verhaltensweisen zeigen, die ungünstig sind.

Bei allen Veränderungsvorhaben und den dazu passenden Übungen ist es wichtig, dass du in Gedanken eine Zeitreise in die Zukunft machst. Stell dir detailliert vor, wie es sich anfühlt, wenn du in dieser Zukunft genau auf die Art und Weise handelst und denkst, wie du es möchtest. Du verbesserst dadurch augenblicklich die

Funktionsweise deines Gehirns.
Da das Denken nicht an der Stirn endet, verändern sich die Menschen in deiner Umgebung gleich mit in die erwünschte Richtung, wenn sie mitfühlen, beobachten und nachahmen.

Hinweis: Auch wenn wir nur die männliche Form von Begriffen verwenden, meinen wir natürlich alle Geschlechter. Wir finden, dass der Text so besser lesbar ist.

Viel Spaß beim Reset deines Gehirns!

LIEBE, GLÜCK, ERFOLG UND SELBSTÄNDIGKEIT

Gedanken von Kirsten Frielinghausen-Labitzky

„Eure Kinder gehören euch nicht.
Sie sind aus dem Leben geboren.
Sie sind Funken, die ihr empfangt.“

Bei den Sioux geben die Mütter diese Botschaft
von Generation zu Generation weiter.
Für mich ist das ganz neu.
Mir wird bewusst, dass du nicht mein Sohn bist
und du nicht meine Tochter.
Ihr seid zwei ganz eigene Menschen.
Aber wenn ihr wollt,
möchte ich gerne EURE Mama bleiben.
Aus: Mama von Hélène Delforge und Quentin Gréban

Diese Gedanken zum Thema Liebe, Glück, Erfolg und Selbständigkeit fand ich zuerst unheimlich traurig, als ich sie das erste Mal gelesen habe. Sie haben in mir ein Gefühl von Verlust verursacht. Ich dachte: „Meine Kinder sind doch meine Kinder.“ Doch im Laufe der Zeit haben sich meine Gedanken hierzu verändert. Es ist nicht mehr der Verlust, der im Vordergrund steht, sondern die Freiheit. Und zwar die Freiheit der Liebe. Meine Liebe zu meinen Kindern kettet sie nicht an mich. Es sind nicht meine Kinder, sondern eigenständige Menschen. Aber dafür bin ich immer ihre Mama. Meine Liebe zu ihnen ist ein Geschenk an sie und keine Verpflichtung. Kinder sind ein Geschenk des Universums und meine Aufgabe ist es, ihnen beim Entdecken ihrer Selbst behilflich zu sein, ihnen die Chance zu geben, sich zu entfalten, ihnen Liebe zu schenken, sie so anzunehmen, wie sie sind, und sie für das Leben zu stärken.

Manche sagen, dass Glück die Abwesenheit von Unglück sei. Glücklich macht mich das nicht. Es gibt sogar Studien zum Thema Glück – etwa dazu, in welchen Ländern die Bevölkerung am glücklichsten ist. Hierfür werden in der Glücksforschung verschiedene Indikatoren zugrunde gelegt. In Bhutan, einem kleinen armen Land im Himalaja, das erstaunlich hoch in der Liste der glücklichen Länder angesiedelt ist, wird vom Staat zum Beispiel regelmäßig das Bruttonationalglück erhoben. Es setzt sich aus den Faktoren soziale Gerechtigkeit in der Gesellschaft und Wirtschaft, Bewahrung religiöser und kultureller Werte, Schutz der Umwelt und gute Regierungs- und Verwaltungsstrukturen zusammen. Bei Glück geht es also nicht um materiellen Reichtum. An dieser Stelle passt der Spruch: Geld macht nicht glücklich, aber beruhigt unheimlich.

Auch in den USA gibt es Studien, die belegen, dass das Glück bis zu einem gewissen Jahreseinkommen steigt. Je mehr Einkommen generiert wird, desto glücklich sind die Menschen, aber nur bis zu einem bestimmten Punkt; dann kann Geld auch zur Belastung werden.

Aber was ist nun Glück? Ehrlich gesagt muss das jeder für sich beantworten. Einen Musiker macht es glücklich, wenn er musizieren kann, ein Fußballer ist glücklich, wenn er spielen kann, andere sind glücklich, wenn sie kochen können. Du merkst, worauf ich hinauswill? Glück ist vielschichtig und völlig individuell. Es hat etwas mit deiner Seele, deinem Herzen und deinen Talenten zu tun. Es entsteht, wenn du etwas tun kannst, was aus deinem Inneren kommt; wenn du etwas wahrnimmst, was dich im Inneren berührt. Glück ist im besten Fall kein kurzes Gefühl oder Zufall, sondern ein langanhaltender Zustand der Zufriedenheit – den du selbst beeinflussen kannst. Beispielsweise durch die Anwendung von NLP-Methoden im Alltag. Dadurch erhöht sich deine Resilienz (Widerstandsfähigkeit).

Liebe ist ein Geschenk. Sie erwartet nichts, ist unumstößlich und zerbrechlich zugleich; allumfassend und doch so intim, dass ein einziger Blick reicht, um deine ganze Liebe zu zeigen. Du schenkst sie deinen Kindern, deinem Partner, deinen Eltern, Geschwistern oder Freunden. Liebe macht stark, Liebe macht gesund, Liebe gibt Sicherheit, Liebe schenkt Selbstvertrauen. Schenke dir die Liebe auch selbst. Blicke auf dich und nimm all das Liebenswerte an dir selbst wahr. Schau mit dem gleichen liebenden Blick auf dich und stelle fest: Egal, wie du bist, du bist liebenswert. Genau wie deine Kinder. Liebe ist bedingungslos.

Oft habe ich das Gefühl, dass bei vielen Müttern die Liebe und der Selbständigkeitswunsch der Kinder miteinander in Konflikt stehen. Hinzu kommt womöglich auch noch der Wunsch der Mama nach mehr Platz für ein eigenes Leben. Ein wichtiger Gedanke hierzu ist, dass die Liebe zu den Kindern unabhängig davon ist, wie selbständig sie sind. Im Umkehrschluss heißt das, dass es kein Zeichen von Liebe ist, wenn ich meinen Kindern ständig Aufgaben abnehme. Liebe heißt, Kinder stark zu machen, damit sie selbst ihren Weg gehen können und nicht, den Weg für sie zu gehen und alle Steine aus dem Weg zu räumen. Denn nur so können Kinder eigene Erfolge feiern. So können Kinder, aus denen ja auch einmal Erwachsene werden, selbst definieren, was für sie ein Erfolg ist. Denn was es bedeutet, glücklich und erfolgreich zu sein, definiert jeder Mensch für sich.

Gedanken von Gudrun Heinrichmeyer

Glück im Sinne von Zufriedenheit steht für mich über allem. Glückliche Menschen haben Ausstrahlung und sind nachweislich erfolgreicher als unglückliche Menschen. Natürlich haben sie auch gute Laune, die wiederum gut fürs Immunsystem ist und sowohl körperlich als auch psychisch gesund macht. Da all das zusammenhängt, ist für mich am wichtigsten, dass Menschen ein glückliches Leben genießen dürfen. Ganz egal, was auch immer sie glücklich macht. Solange dies anderen nicht schadet, ist alles in Ordnung.

Und natürlich wünsche ich insbesondere meinen eigenen Kindern und Enkelkindern, dass sie für sich herausfinden dürfen, was sie glücklich macht, und dass sie genau das erleben dürfen. An dieser Stelle beginnt der Zusammenhang mit der Erziehung.

Wichtige Fragen, die du dir stellen kannst, sind beispielsweise: Wie fördere ich als Mutter meine Kinder? Mit welcher Stimmung begegne ich ihnen? Welche Grenzen stecke ich ihnen und wie viele Freiheiten lasse ich ihnen? Wie gut achte ich darauf, dass ihre Bedürfnisse und Wünsche erfüllt werden? Wie gut kann ich also dazu beitragen, dass sie einen guten Platz im Leben finden, sodass sie im Einklang mit sich selbst und anderen ihr persönliches Glück erleben?

DER GLÜCKSKOMPASS

Damit Kinder ein glückliches Leben genießen können, brauchen sie:

Liebe • Aufmerksamkeit • Selbstvertrauen
Struktur/Sicherheit • eigenen Erfahrungen
Gesundheit • Perspektiven für die Zukunft
und vieles mehr.

In den letzten Jahren wurde vermehrt zum Thema Glück geforscht: Was ist Glück, welche Faktoren beeinflussen es und wie kann es bewusst gestärkt werden? Diese und weitere Fragen wurden untersucht. Das Erfreuliche an der Sache ist eindeutig, dass es nie zu spät ist, etwas in seinem Leben zu ändern, um glücklich zu werden. Jeder kann das: Erwachsene und Kinder. Eltern, Großeltern, Nicht-Eltern, Babys, Schulkinder...

Verstehe den Glückskompass bitte auch als richtungsweisend für dich selbst. Wende ihn für dich an! Aus Kindern werden Erwachsene und sind Erwachsene nicht auch die Kinder ihrer Eltern? Gönne es dir, glücklich zu sein! Erlaube es dir! Jeder hat es verdient, ein glückliches Leben zu führen. Ergreife also jetzt diese Chance – nicht nur für deine Kinder, sondern auch für dich selbst; denn glückliche Eltern sind ein wichtiger Umfeldfaktor für glückliche Kinder. Denke an die Spiegelneuronen, die Nervenzellen in unserem Gehirn, die die Emotionen anderer Menschen aufnehmen und uns mitfühlen lassen. Glückliche Kinder machen auch ihre Eltern glücklich. Alles steht in Beziehung zueinander und beeinflusst sich gegenseitig.

Erlerne gemeinsam mit deiner Familie glücklich zu sein.

Kleine Geschichte zum Thema Glückskompass

Mein (Kirstens) älterer Sohn Julian war zum Zeitpunkt der Entstehung des Buchs fast siebeneinhalb Jahre alt. Eines Abends brachte ich ihn ins Bett und er konnte einfach nicht einschlafen. Also setzte ich mich mit meinem Laptop in die Nähe seines Zimmers und arbeitete, da er nicht „ganz allein" sein wollte. (Im Corona-Lockdown war die Mama-Arbeitszeit der Abend.) Er wusste, dass es in unserem Buch unter anderem darum geht, dass Kinder einen guten Start ins Leben bekommen sollen, und wie Kinder und Eltern das zusammen hinbekommen. Er hat öfter angeboten, mir Tipps zu geben, allerdings war er dann immer zu müde. An diesem Abend nicht.

Unser Dialog sah folgendermaßen aus:

Julian: „Mama, darf ich dir bei deinem Buch helfen?"
Ich: „Ja, sicher."
Julian: „Ich kann dir Tipps geben, wenn du möchtest, und du schreibst sie dann auf."
Ich: „Klar kannst du das, darüber haben wir doch schon geredet."

Etwas später:

Julian: „Mama?"
Ich: „Ja?"
Julian: „Eltern sollten ihren Kindern für einen guten Start ins Leben Wissen mitgeben.
Schreibst du das auf?"
Ich: „Ja, sicher."

Etwas später:

Julian: „Mama?"
Ich: „Ja?"
Julian: „Eltern sollten ihren Kindern auch Glück für einen guten Start ins Leben mitgeben. Hast du das schon?"
Ich: „Nein, ich schreibe es auf jeden Fall mit auf." (Das Kapitel ist schon fast fertig.)
Julian: „Toll, ich bin dir eine gute Hilfe, stimmt's?"
Ich: „Ja, natürlich bist du das!"

Wieder etwas später:

Julian: „Mama?"
Ich: „Ja?"
Julian: „Und Eltern müssen ihren Kindern Erfahrungen geben."
Ich: „Was meinst du damit?"
Julian: „Wenn man nur sagt, dass Dornen piksen, dann weiß man das ja nicht."
Ich: „Du meinst, dass Kinder selbst erfahren müssen, dass Dornen piksen und das wehtut?"
Julian: „Ja, man muss es ja selber erleben. Sonst weiß man es ja nicht."

Gut, dass ich den Laptop auf dem Schoß hatte und alles direkt mitschreiben konnte. Dieses Gespräch war für uns beide wertvoll. Ich war in dem Moment unglaublich stolz und gerührt, weil mein Sohn, ohne es zu wissen, den Inhalt des Buchs benennt und aus der Sicht eines Kindes genau diese Punkte wichtig sind. Für mich bedeutet das, dass ich das, was ich schreibe, auch lebe und es bei meinen Kindern ankommt. Es funktioniert.

Körpergefühle sind Wegweiser zum Glück

Glück, Erfolg und Selbstbewusstsein sind sehr individuell: Jeder empfindet andere Situationen und Erlebnisse als Erfolg, sodass es keine Vorlage gibt, die du abhaken und schlussfolgern kannst: „Ja, ich bin erfolgreich“ oder „Ich fühle mich glücklich und selbstbewusst.“ Du musst für dich herausfinden, womit diese Gefühle verbunden sind, wie sich diese Gefühle genau anfühlen und woran genau du sie in deinem Körper erkennen kannst. Doch eine Sache ist immer gleich: Es handelt sich um angenehme Gefühle. Glück fühlt sich gut an. Erfolg fühlt sich gut an. Selbstbewusstsein fühlt sich gut an.

Wenn du herausgefunden hast, woran du erkennen kannst, dass du glücklich bist, kannst du dieses Körpergefühl als Wegweiser für dein persönliches Lebensglück nutzen. Du kannst anstehende Entscheidungen so treffen, dass du dich dabei zufrieden und glücklich fühlst und du kannst darauf achten, was genau dich und deine Lieben glücklich macht. Genau davon solltest du mehr tun. Dann bist du auf dem richtigen Weg. Um Glücksgefühle spontan fühlen zu können, gibt es verschiedene Übungen. Eine davon stellen wir dir nun vor. Weitere findest du am Ende des Buchs.

Übung: Gemeinsam persönliche Glücksmomente aktivieren

Mache es dir zum Beispiel zusammen mit deinen Lieben bequem. Entspannt euch.
Wer mag, schließt die Augen.
Nun erinnert sich jede beteiligte Person an einen persönlichen Glücksmoment und stellt sich die folgenden Fragen:

- Was sehe ich?
- Was höre ich?
- Was schmecke ich?
- Was rieche ich?
- Was fühle ich?

Nimm alles wahr und genieße dein Glück. Du kannst deine Lieben auch davon erzählen lassen und von dir selbst berichten. So wirst du sicher nach kurzer Zeit die freudig strahlenden Augen aller Beteiligten sehen. Freut euch über diese gemeinsame und doch so individuelle Glückserfahrung!

Komme nach einem Moment wieder ins Hier und Jetzt zurück. Die Glücksgefühle darfst du dabei gerne mitnehmen und weiter empfinden. Spüre den Untergrund, auf dem du dich befindest. Betrachte deine Umwelt. Vielleicht kannst du in deiner direkten Umgebung Dinge, Ereignisse oder Menschen wahrnehmen, die dich glücklich machen.

WISSENSWERTES ZUM THEMA GLÜCK

Du hast sicher schon festgestellt, dass es viele Einflussfaktoren auf das Glück gibt, daher wollen wir dir in diesem Abschnitt Informationen darüber geben, warum bestimmte Methoden und Vorgehensweisen sinnvoll sind und welche interessanten wissenschaftlichen Erkenntnisse es hierzu gibt. Außerdem findest du Übungen mit konkreten Anleitungen und die Möglichkeit, deinen eigenen Weg zum Glück zu entdecken.

Resilienz – Teil 1

Ein Faktor, der zum Glücklichsein beiträgt, ist die Resilienz. Das ist die psychische Wider-standskraft, die uns hilft, schwierige oder belastende Lebenssituationen oder Erlebnisse ohne anhaltende psychische Beeinträchtigungen zu überstehen. Doch was ist das Geheimnis der Resilienz, welche Faktoren machen diese Fähigkeit aus? Und kann ich Resilienz erlernen und an meine Nachkommen weitergeben?

Vorweg: Ja, Resilienz ist erlernbar!

Das Immunsystem ist dafür zuständig, den Körper zu schützen. Es hat die Aufgabe, Krankmacher wie beispielsweise Viren und Bakterien zu bekämpfen. Es hat gelernt, diese zu erkennen, und wir können das Immunsystem durch Impfungen trainieren und etwa mit Sport, Vitaminen, gesunder Ernährung und zuversichtlichen Gedanken unterstützen. Auch das Konzept der Salutogenese, auf das wir im Buch später noch eingehen, erklärt, welche Aspekte zur Gesundheit beitragen können.

Wie können wir unsere Psyche schützen? Wie unsere psychische Widerstandskraft stärken, damit wir auch schwierige und belastende Situationen bewältigen können, ohne dauerhaft zu Schaden zu kommen? Wie ist es möglich, sogar gestärkt aus schwierigen

Situationen hervorzugehen?
Zum einen spielen die personellen Ressourcen, also die persönlichen Fähigkeiten einer Person, eine Rolle. Zum anderen Umfeldfaktoren– bei Kindern gehören hierzu die betreuenden Personen und die Art und Weise, wie sie mit dem Kind umgehen, welche Werte sie ihm vermitteln etc.

Erziehung zur Resilienz

Betrachten wir diese Einflussfaktoren auf die Resilienz etwas genauer: Wichtig zu wissen ist, dass du deinen Kindern als Modell dienst. Gehe also mit gutem Beispiel voran und stärke zunächst deine eigene Resilienz, dann lernen deine Kinder diese Widerstandsfähigkeit von dir.

Personelle Ressourcen

Unter personellen Ressourcen versteht man alle Fähigkeiten und Möglichkeiten, die ein Mensch in sich trägt, die Teil seiner Persönlichkeit sind.

Positive Selbstwahrnehmung heißt, dass du deine Gefühle wahrnimmst, sie benennen kannst und auch die gesamte Bandbreite von Gefühlen zulassen kannst. Wir als Eltern können unsere Kinder hierbei unterstützen und ihnen beistehen, indem wir alle Gefühle von Wut über Trauer bis zu Freude annehmen und akzeptieren – bei uns und bei anderen! Du bist selbst o.k. Und auch dein Kind ist mit diesen Gefühlen o.k. Es wird geliebt, egal, wie es sich fühlt! Wir können Gefühle annehmen. Je besser Kinder Gefühle nicht nur wahrnehmen, sondern auch benennen können, desto besser können sie sich mitteilen und auch sozial interagieren.

Ein bewährtes Mittel – neben der eigenen Vorbildfunktion – ist es hierbei, deinem Kind Geschichten vorzulesen, in denen es um Emotionen und den Umgang damit geht. Kinder, die einen reichen Wortschatz haben, können sich besser mitteilen und andere daran teilhaben lassen, was in ihnen vorgeht. Schon für die Kleinsten eignen sich Bücher, die den Umgang mit Emotionen mithilfe von kurzen Texten und Bildern darstellen.

Selbstwirksamkeit bedeutet, dass du mit deinem Handeln etwas bewirken kannst. Dieses Wissen ist unglaublich wertvoll. Gib deinem Kind so die Chance, etwas selbst zu tun. Der Erfolg beruht auf seinen Handlungen. Der Turm steht nur, weil das Kind ihn gebaut hat. Und das Kind kennt jetzt die Strategie und das Vorgehen, das zu diesem Erfolg geführt hat. Es kennt seine Fähigkeiten und Stärken und kann sie einsetzen.

Selbstwirksamkeit betrifft auch soziale Situationen – und das von Lebensbeginn an. Darf dein Baby schon früh selbst essen, auch wenn es dabei noch kleckert, unterbrichst du deine aktuelle Tätigkeit und wendest dich deinem Kind zu, wenn es deine Aufmerksamkeit sucht, berücksichtigst du seine Wünsche und Bedürfnisse im Alltag? Wichtig ist dabei aber auch, den Einflussspielraum deines Kindes an sein Lebensalter anzupassen. Erlaube deinem Kind, gerne alles auszuprobieren, womit es seine Gesundheit nicht gefährdet.

Üblicherweise ist es weniger Aufwand, ein zufriedenes Kind zu haben und nach derartigen Experimenten aufzuräumen, als Schmutz und Unordnung zu verhindern, aber schlechte Laune zu haben.

Selbststeuerung bedeutet, dass du mit deinen Emotionen umgehen kannst, dich selbst regulieren und in einen ausgeglichenen Zustand bringen kannst. Lass deine Kinder miterleben, wie du das tust, und helfe ihnen dabei, ihre eigenen Emotionen zu regulieren, damit sie ihnen nicht hilflos ausgeliefert sind. Kinder sollten deshalb zum Beispiel lernen, sich selbst zu beruhigen. Ziel dabei ist es, dass sie mit ihrer Wut oder Angst umgehen können etc.; oder sie sollten dabei zumindest um Hilfe bitten. Das bedeutet natürlich nicht, dass du deine Kinder allein lässt, wenn sie in einer unangenehmen Emotion festhängen, sondern, dass du ihnen zeigst, was in so einem Fall hilft. Wut können Kinder beispielsweise auf einer Hüpfmatte weghüpfen oder an einem Boxsack rauslassen.
Bei Angst hilft es, sich zunächst an der Frage zu orientieren, ob es

sich um eine reale Gefahr handelt, und wenn nicht, erst einmal tief durchzuatmen und sich dann wieder an das Angst auslösende Objekt anzunähern. Damit deine Kinder erkennen können, dass das Angstobjekt ungefährlich ist, kannst du dich dem Objekt gerne gemeinsam mit ihnen annähern.

Was immer hilft: Zeige deinem Kind, wie es sich selbst beruhigen kann, etwa durch ruhiges Atmen oder andere Entspannungstechniken. Zeige deinem Kind auch unterschiedliche Handlungsalternativen, um Emotionen zu bewältigen.

Problemlösungsstrategien kann nur entwickeln, wer Probleme selbst lösen darf. Räume also nicht jedes Problem deines Kindes aus dem Weg, bevor es überhaupt gemerkt hat, dass es ein Problem gibt. Sicher, du willst es deinem Kind so einfach wie möglich machen. Nur so lernt es nicht, wie es Probleme lösen kann, und es kann auch seine Selbstwirksamkeit und Kreativität nicht erleben. Gib deinem Kind die Chance, selbst Lösungen zu finden, sich realistische Ziele zu setzen und Erfolge zu erleben.

Soziale Kompetenz bedeutet, mit anderen Menschen Kontakt aufnehmen zu können. Freunde sind für Kinder hierfür besonders wichtig. Sich in andere einfühlen zu können und auch Konflikte lösen zu können, gehört zur sozialen Kompetenz ebenfalls dazu. Wenn Kinder Rücksicht auf die Bedürfnisse anderer Menschen nehmen können, fällt es ihnen leichter, in ihrem sozialen Umfeld klarzukommen. Deine Kinder können das von dir lernen, indem du auf die Bedürfnisse deiner Kinder und auch auf deine eigenen Bedürfnisse achtest und sie miteinander in Einklang bringst.

Umfeldfaktoren

Unter Umfeldfaktoren versteht man alle äußeren Faktoren, die die Person unterstützen.

Emotionale Bindung ist der Kitt des Lebens. Sie entsteht durch Empathie, das heißt durch Einfühlungsvermögen, Liebe, Zuneigung und Verlässlichkeit. Sei die vertraute Person, die ihrem Kind verlässlich zuhört und für es da ist. Zeige Interesse an dem, was dein Kind macht und was dein Kind interessiert. Höre zu, wie es ein Lied aus der Kita singt. Nimm dir die Zeit, um die Bauwerke deines Nachwuchses zu bewundern, hänge die selbst gemalten Bilder auf etc.

Wertschätzender Erziehungsstil hat etwas mit Werten, Respekt und Akzeptanz zu tun. Schätze dein Kind. Respektiere es. Akzeptiere dein Kind so, wie es ist. Aus einem Baum kannst du keine Tulpe machen. Durch deine Erziehung lebst du deinem Kind diese Wertschätzung vor. Wichtig ist, dass du dein Kind bedingungslos liebst und wertschätzt, das bedeutet, auch dann, wenn sich dein Kind nicht so verhält, wie du es von ihm erwartest!

Wertevermittlung sorgt für inneren Halt. Werte dienen als Richtschnur, an der du und deine Lieben euch orientieren könnt. In unbekannten Situationen kann sich dein Kind an etwas festhalten und sein Handeln planen. Genau wie du kann sich dein Kind an Werten innerlich aufrichten.

Werte wie Liebe, Freude, Freiheit, Zuversicht, Achtung, Wertschätzung, Wohlstand, Erfolg, Glück, Frieden etc. bezeichnen das, was dir in deinem Leben wichtig ist.

Werte, die du wirklich lebst, zeigen sich in deinem Verhalten, in der Art und Weise, wie du mit dir und anderen umgehst.

Werte sind hierarchisch organisiert, das heißt, es gibt eine Reihenfolge, in der die Werte geordnet sind. Wenn dir zum Beispiel der Wert Liebe besonders am Herzen liegt, geht es nicht darum, sich zu wünschen, geliebt zu werden – das wäre die Passivversion des Wertes. Liebe dein Kind und auch andere Menschen, egal, was auch immer sie gerade tun und denken, anstatt sie zu verurteilen, wenn sie etwas tun, was dir nicht gefällt. Das ist aktiv angewandte Liebe. Dein Kind kann deine liebevolle Einstellung und Haltung mit all ihren Folgen beobachten und nachahmen.

Wenn du deinem Kind nur Liebe und Aufmerksamkeit schenkst, wenn es gute Noten schreibt, lernt dein Kind, dass Liebe weniger wichtig ist als Leistung.

Falls du schlechte Leistungen bestrafst, könnte dein sogar Kind lernen, dass es dir um Gehorsam geht, dass es sich fügen muss und die Leistungen erbringen muss, die du forderst, damit es geliebt wird.

Bildung und Lernen gehören zum Leben dazu. Die Halbwertszeit von Wissen beträgt nur noch einige wenige Jahre. Das bedeutet, dass die Hälfte des aktuellen Wissens nach einigen Jahren bereits überholt ist. Lebenslanges Lernen erhält dadurch immer mehr Bedeutung – nach der Schule ist nicht Schluss damit! Lernen um des Lernens willen und die Freude am Lernen: Das sind Dinge, die wir unseren Kindern vorleben und auf diese Weise beibringen können. Sicher kann dein Kind mit einem höheren Schulabschluss häufig einen besser bezahlten Beruf erlernen, doch Lernen kann auch einen reinen Selbstzweck haben. Dein Kind lernt, dass Lernen Freude macht, neue Erkenntnisse das Belohnungssystem im Gehirn in Gang setzen und Glücksgefühle auslösen. Schon bei den ganz Kleinen kannst du diese Freude entfachen, indem du einerseits die Welt zusammen mit ihnen erforschst und ihnen andererseits Bücher vorliest, für die sie sich interessieren. Von Eltern, Großeltern oder Geschwistern vorgelesen zu bekommen, ist eines der schönsten Erlebnisse in der Kindheit – und so überaus wertvoll!

Lies dieses Buch, denn mit jeder Seite, die du liest, stärkst du deine Resilienz durch neue Erkenntnisse.

Mache die Übungen für dich und zusammen mit deiner Familie, denn durch jede Handlung verinnerlichst du die gewonnenen Erkenntnisse. Lass deine Kinder an deiner Lernfreude teilhaben und gib ihnen die Gelegenheit, eigene Erkenntnisse zu erlangen und sich daran zu erfreuen. So können deine Kinder spielerisch ihre Resilienz stärken.

Setze die Erkenntnisse in deinem Alltag um, lebe sie, lebe sie deinen Kindern vor, sodass sie dieses Verhalten von dir abschauen können und auf diese Weise unbewusst übernehmen.

Kleine Geschichte zum Thema Resilienz von Kirsten

Mein (Kirstens) kleiner Sohn Cederic war zu dem Zeitpunkt, als wir das Buch geschrieben haben, gerade vier Jahre alt und ich hatte es mir seit einigen Tagen zur Angewohnheit gemacht, mit ihm täglich folgende Sätze zu sprechen, damit er diese verinnerlicht:

Ich bin klug.
Ich bin freundlich.
Ich bin liebenswert.
Ich bin wichtig.

Das war ein sehr schönes Ritual für uns geworden und es tat ihm auch gut. Direkt beim ersten Versuch hat er für sich noch folgenden Satz ergänzt: „Ich bin stark“. Das ist typisch für meinen kleinen Wildfang. Einige Tage später hatte ich die Nacht zuvor wieder viel zu lange an dem Buch gearbeitet und war morgens natürlich müde. Nach dem Aufstehen wollte ich ihm in seinem Zimmer den Schlafanzug ausziehen. Da er auch noch müde war, erzählte ich ihm, dass ich ebenfalls sehr müde sei, da ich viel zu lange gearbeitet habe. Daraufhin meinte er dann, ich solle das beim nächsten Mal doch zu einer anderen Zeit machen. Ich erwiderte, dass ich mir da wohl etwas Besseres überlegen müsse. Und was macht mein Cederic? Er legt seine süßen Hände an meine Wangen, schaut mir tief in die Augen und sagt: „Mama, Ich bin klug. Ich bin stark …“

Er sagte, ich solle ihm die Sätze nachsprechen. In dem Moment floss mein Herz vor Liebe und Stolz über.

Für mich war das der Beweis dafür, dass meine Kinder die Dinge, die ich ihnen mitgebe und vorlebe, auch wirklich verstehen, für sich anwenden und sogar in Situationen mit anderen Menschen anwenden können. Sie leben diese Dinge. Das sind die ersten Schritte Richtung Resilienz.

Salutogenese – Teil 1

Bei der Salutogenese geht es im Gegensatz zur Pathogenese (Krankheitsentstehung) darum, zu klären, welche Faktoren zur Gesundheitsentstehung beitragen.

Das Konzept der Salutogenese, der Entstehung von Gesundheit, wurde von Aaron Antonovsky entwickelt. Der israelisch-amerikanische Medizinsoziologe stellte fest, dass Menschen, die schlimmste Lebenserfahrungen gemacht haben und danach dennoch ein gesundes und zufriedenes Leben führten, Gemeinsamkeiten in der kognitiven Verarbeitung dieser Erfahrungen aufwiesen. Er nannte diese gesundheitsfördernde geistige Verarbeitung ***Kohärenzgefühl***, das aus den folgenden Bestimmungsfaktoren besteht:

Verstehbarkeit meint, dass das Leben und die Welt verständlich, strukturiert, geordnet und auch bis zu einem gewissen Grad vorhersehbar sind. Die Welt wird in ihrer Funktionsweise verstanden.

Bewältigbarkeit meint, dass das Leben und dessen Herausforderungen gemeistert werden können, soweit die eigenen Ressourcen zum Einsatz kommen, und Vertrauen in die eigenen Fähigkeiten besteht.

Bedeutsamkeit meint, dass das Leben der Mühe wert ist, dass sich Engagement und Anstrengung lohnen und die eigene Existenz einen Sinn hat.

Diese drei Bestimmungsstücke setzen sich zum Kohärenzgefühl zusammen und tragen zum Prozess des Gesundbleibens bei. Das Konzept der Salutogenese unterteilt nicht in gesunde und kranke Menschen, sondern geht von einem Raum zwischen Gesundheitsentstehung und Krankheitsentstehung aus, in dem sich Menschen bewegen. Je mehr Kohärenzgefühl (Verstehbarkeit, Bewältigbarkeit und Bedeutsamkeit) ein Mensch empfindet, desto mehr befindet er sich auf dem Weg zur Gesundheitsentstehung und Gesundheit.

Mit NLP-Methoden kannst du lernen, zuversichtlich und damit einhergehend gesundheitsfördernd zu denken.
Die nachfolgende Abbildung veranschaulicht das Prinzip der Salutogenese.

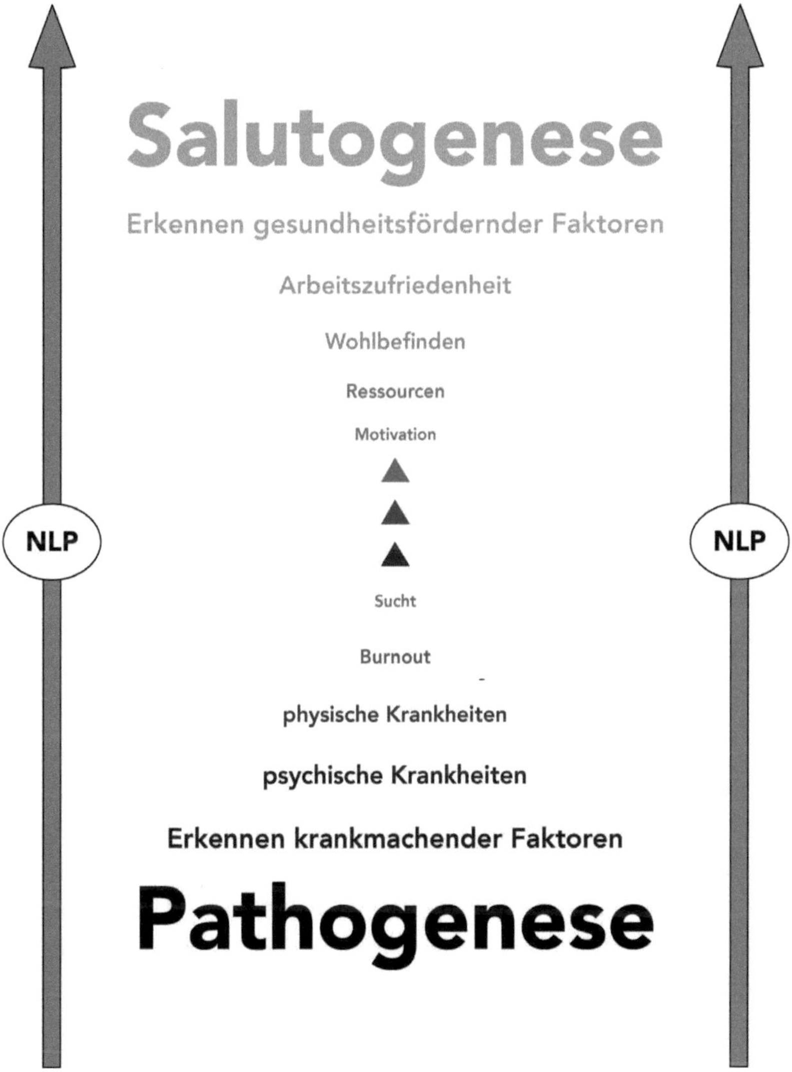

NLP fördert die Salutogenese

Dieser Abschnitt ist für Menschen interessant, die sich für psychologische Forschungsergebnisse interessieren.

Als Psychologin habe ich (Gudrun) gelernt, dass es wichtig ist, Ergebnisse gewissenhaft zu überprüfen, da das menschliche Gehirn sich allzu leicht täuschen lässt – vor allem dann, wenn ihm Ergebnisse wünschenswert erscheinen.

Aus diesem Grund führe ich schon seit einigen Jahren den SOC-Test vor und nach NLP-Ausbildungen durch. Hierfür benutze ich den SOC-L9, die Kurzversion des Verfahrens (sense of coherence– auf Deutsch: Fragebogen zur Lebensorientierung).

Die Ergebnisse zeigen: NLP-Ausbildungen (bei NLP-IMPULSE) fördern das Kohärenzgefühl deutlich messbar (gesundheitsförderndes Denken). Der SOC-L9 ist das Messinstrument, welches Aaron Antonovsky im Zuge des Salutogenese-Modells entwickelt hat. Ein hoher SOC-Wert zeigt ein starkes Kohärenzgefühl an, das nach Antonovsky ein Zeichen für gesundheitsförderndes Denken darstellt. Umgekehrt zeigen zahlreiche Untersuchungen auch einen Zusammenhang zwischen einem niedrigen SOC-Wert und psychischen und psychosomatischen Störungen auf.
Die Abbildung weiter unten veranschaulicht, wie sich das Kohärenzgefühl durch NLP-Ausbildungen (bei NLP-IMPULSE) verändert hat.

<u>Die Messung:</u> Für die unten beschriebenen Stichproben wurde der SOC-L9-Test von den Teilnehmern jeweils vor und nach den NLP-Ausbildungsabschnitten NLP-Practitioner und NLP-Master durchgeführt. Mit Hilfe eines t-Test für abhängige Stichproben wurde überprüft, ob sich die Mittelwerte beider Stichproben messbar unterscheiden. Hierbei wurde der Unterschied in Standardabweichungen gemessen.

Erklärung der Ergebnisse: Für sehr viele psychische Merkmale lässt sich eine sogenannte Normalverteilung (Glockenkurve) annehmen. Die Normalverteilung besagt, dass die meisten Messwerte rund um den Mittelwert einer Stichprobe zu finden sind. Je extremer die Messwerte werden, umso seltener treten sie auf. Die Wirkung von NLP-Ausbildungen auf das Kohärenzgefühl der Teilnehmer:

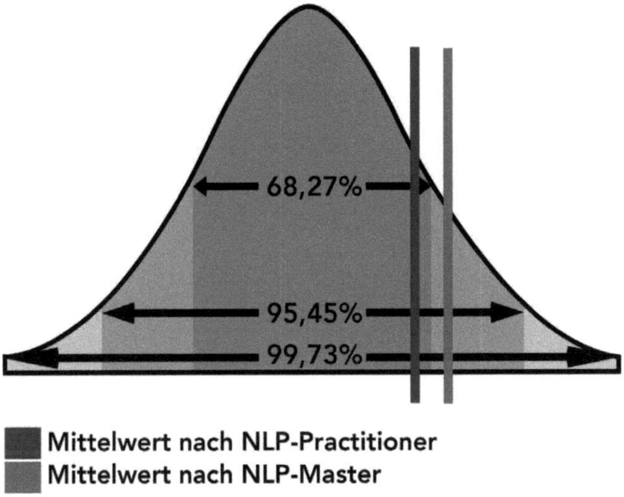

Die Werte der Ausbildungsgruppen liegen vor der Ausbildung – wie zu erwarten ist – in der Mitte der Glockenkurve, wie dies bei allen anderen vergleichbaren Gruppen von Menschen der Fall ist. Der Mittelwert verschiebt sich bei NLP-Absolventen von NLP-IMPULSE deutlich nach oben zu höheren SOC-Werten, das heißt, hin zu einem deutlich verbesserten gesundheitsfördernden Denken. NLP-Practitioner-Absolventen haben im Durchschnitt Werte, die fast so hoch sind wie bei überdurchschnittlich gesund denkenden Normalbürgern (der Mittelwert ist um 0.8355526 Standardabweichungen nach oben verschoben). NLP-Master-Absolventen verfügen im Durchschnitt über Werte, die ein wenig über der Grenze zu überdurchschnittlich gesund denkenden

Normalbürgern liegen (der Mittelwert ist um 1.136667 Standardabweichungen nach oben verschoben).

Das bedeutet: NLP lässt Menschen überdurchschnittlich gesund denken. NLP-Absolventen (von NLP-IMPULSE) werden demzufolge seltener psychische und psychosomatische Störungen entwickeln, als es in der Normalbevölkerung üblich ist.

Das bedeutet auch: Wenn du dich mit NLP beschäftigst und deine Kinder im Sinne von NLP-Erkenntnissen erziehst, dann förderst du ihr gesundheitsförderndes Denken und leistest auf diese Weise einen Beitrag zur physischen und psychischen Gesundheit deiner Nachkommen. Ich denke, das lohnt sich!

Neurolinguistisches Programmieren (NLP)

NLP wurde entwickelt, um die Welt ein Stück besser zu machen und Menschen zu mehr Lebensglück zu verhelfen – auf eine schonende und ressourcenvolle Art und Weise. NLP ist einerseits eine Sammlung hoch wirksamer Kommunikationsmethoden, andererseits eine menschenfreundliche, wertschätzende innere Haltung, die es mir ermöglicht, mein eigenes Weltbild und das anderer Menschen zu verstehen und zu schätzen. Falls ich unzufrieden bin, kann ich dieses Weltbild auch überarbeiten und verändern, sodass sich meine Lebenszufriedenheit verbessert, ich glücklich und zufrieden bin und Einfluss auf mein Erleben, Denken, Handeln und dessen Folgen habe.

NLP ist zusätzlich eine Analysemethode, mit deren Hilfe man exzellente Denk- und Handlungsmuster aufdecken kann. NLP macht das Besondere an diesen Denk- und Handlungsweisen lehrbar und damit für jeden erfahrbar. Die wesentlichen Prinzipien des Neurolinguistischen Programmierens wurden in den 1970er-Jahren erstmals von Richard Bandler (geb. 1950), John Grinder (geb. 1939) und weiteren Kollegen definiert. Bandler, damals Student der Mathematik, Informationswissenschaften und Psychologie, sowie Grinder, der ein junger Linguistik-Professor war, arbeiteten zusammen an der amerikanischen University of California in Santa Cruz. Die Zeit Anfang der 1970er Jahre war geprägt von rasanten Entwicklungen und gesellschaftlichen Umbrüchen. Sie befassten sich mit einer wichtigen Frage: „Was ist der entscheidende Unterschied zwischen jemandem, der nur kompetent ist, und jemandem, der in derselben Fertigkeit überdurchschnittliche Ergebnisse erzielt?"

Anfang der 70er Jahre analysierten Bandler und Grinder, die sich beide für Psychotherapie interessierten, die Vorgehensweisen der damaligen Spitzentherapeuten (Fritz Perls: Gestalttherapie/Virginia Satir: Familientherapie/Milton H. Erickson: Hypnotherapie).

Die Wissenschaftler nahmen an, dass Gemeinsamkeiten dieser unterschiedlichen Therapeuten in der Kommunikation mit ihren Klienten die Grundlage für eine tiefgreifende und effektive Veränderungsarbeit sein müssten. Daraufhin beschlossen sie, die gemeinsamen Kommunikationsstrategien der Therapeuten zu modellieren. Damit ist eine Analysemethode, die das Modelllernen nutzt, gemeint. Sie beobachteten die Therapeuten genau bei ihrer Arbeit (teils live, teils in Filmen) und filterten diejenigen Worte und Handlungen der Berater heraus, die direkt zu einer beobachtbaren Veränderung des Klienten geführt hatten. Das waren die entscheidenden Momente der Therapie. Diese Vorgehensweisen wendeten sie dann selbst in Beratungssituationen mit Klienten an, um sie zu erproben. Führten die herausgefilterten Vorgehensweisen zum Erfolg, interviewten sie sich gegenseitig, um bewusst und im Detail herauszufinden, was genau sie getan hatten. Diese Gespräche wiederum führten zu unterrichtbaren Handlungsstrategien.

Genau dieses Vorgehen – wirksame Momente unterrichtbar zu machen – unterscheidet NLP von anderen Methoden. Im Laufe der Zeit entstand eine vielfältige Zusammenstellung von Kommunikations- und Therapietechniken, die oft innerhalb kürzester Zeit Veränderungen im menschlichen Erleben und Verhalten ermöglichen (Kurzzeittherapie). Heute hat sich NLP erweitert und über den Therapiekontext hinausentwickelt. Es wird als grundlegendes Modell menschlicher Kommunikation mit sich selbst und anderen eingesetzt. NLP wird von Psychotherapeuten, Sozialpädagogen, Ärzten, Heilpraktikern, Sportlern, Lehrern, Führungskräften, Managementtrainern und allen weiteren Berufsgruppen angewandt, in denen Kommunikation und/oder Selbstmanagement und Regulation der eigenen Emotionen wichtig sind.

NLP untersucht, wie die Verarbeitung menschlicher Erfahrungen genau funktioniert und wie dieses Wissen möglichst effektiv eingesetzt werden kann, um dem Menschen zu nutzen. NLP geht davon aus, dass jeder Mensch bereits alle Ressourcen (innere und äußere Kraftquellen) zum Lösen von Problemen in sich trägt. Um diese Ressourcen aktivieren zu können, ist es wichtig, dass Menschen lernen, die eigenen Emotionen, inneren Bilder etc. wahrzunehmen und zu steuern. Auf diese Weise können sie auf alle Fähigkeiten und nützlichen Erinnerungen zugreifen, die ihnen dabei helfen, Herausforderungen als Chance zu begreifen und Freude an Veränderungsprozessen zu empfinden. So werden Probleme zum Anlass, dazuzulernen und sich am Lernerfolg zu erfreuen!

NLP ist eine pragmatische, zielgerichtete, sehr wahrnehmungsintensive Form der Kommunikation, die **N**atürliche **L**ern **P**rozesse nutzt.

Das Menschenbild des NLP

Die Grundannahmen des NLP basieren auf einem respektvollen und verantwortungsvollen Umgang mit anderen Menschen. Im Folgenden findest du einige dieser Grundsätze, die besonders gut zum Kontext Familie und Erziehung passen:

Jeder Mensch ist einzigartig.
Das bedeutet, dass ich nicht einfach von mir auf andere schließen kann, sondern, dass es wichtig ist, die persönliche Erlebenswelt einer Person zu hinterfragen, um zu verstehen, was wirklich in ihr vorgeht. Das trifft auch auf Partner, Kinder, Geschwister, Eltern, Großeltern, Erzieher, Lehrer etc. zu.

Jedes Verhalten ist Kommunikation. Auch Schweigen. Ebenso beeinflusst nonverbales Verhalten unsere Kommunikation.
Das bedeutet, dass Tonfall, Mimik und Gestik oft wichtiger für die Bedeutung der Kommunikation sind als die Worte selbst, die ausgetauscht werden. Achte auch bei sehr kleinen Kindern schon auf Mimik und Gestik – so findest du viel schneller heraus, was dein Kind gerade braucht, auch wenn es noch nicht sprechen kann. Kinder, deren Bedürfnisse umfassend erfüllt werden, sind in ihrer Grundstimmung häufig zufriedener – was für Eltern wiederum entlastend ist.

Körper und Geist sind eine Einheit
Das bedeutet, dass die innere Verarbeitung über unsere Sinneskanäle (Sehen, Hören, Riechen, Schmecken, Fühlen) geschieht; außerdem, dass die inneren Vorstellungen, die wir uns über die Welt machen, auch Auswirkungen auf unsere Gesundheit, unser Kreislaufsystem, unser Immunsystem, unser Hormonsystem etc. haben und umgekehrt.

Wenn du dir zum Beispiel viele Sorgen über deine Zukunft und die Zukunft deines Kindes machst oder bei Marotten deines Kindes schnell genervt bist, werden in deinem Körper Stresshormone ausgeschüttet.

Das bewirkt, dass du schlechter Lösungen für die real existierenden Probleme findest, weil du unter Stress nicht so gut auf deine Ressourcen zugreifen kannst und der Stress mit dem Kind dadurch länger anhält etc.

Dies wirkt sich wiederum auf deine Abwehrkräfte aus und du erkrankst leichter an Infektionen. Dieser Umstand erschwert die Erziehung ebenfalls. Langfristig kann ein erhöhtes Stresslevel zu Kreislauferkrankungen, Allergien etc. führen – sprich zu weiteren Erkrankungen. Pass also auf dich auf und sorge gut für dich, dann kannst du auch gut für deine Kinder sorgen, bleibst gesund und deine Familie ebenfalls.

Menschen handeln nach ihrer eigenen Idee von der Welt. Diese muss nicht mit der wahren Welt übereinstimmen. Vielleicht wissen wir gar nicht, wie die wirkliche Welt ist?
Das bedeutet, dass wir das, was wir wahrnehmen, immer mit dem abgleichen, was wir schon erlebt haben. So entwickeln wir ein Bild von der Welt, in das wir jede neue Wahrnehmung einordnen. Wir interpretieren alles im Sinne unseres eigenen Weltbildes.

Beispiel: Mein Kind begegnet mir morgens ohne mich zu grüßen: Person A denkt: Das Kind ist gerade mit sich selbst beschäftigt. Person B denkt: Das Kind hat was gegen mich. Person C denkt: Das Kind ist unhöflich. Person D denkt: Ich bin eine schlechte Mutter, ich bin es nicht einmal wert, von meinem Kind gegrüßt zu werden. Person E denkt: Das Kind kriegt ja gar nichts von seiner Umwelt mit. Person F denkt: Das Kind wird es schon noch lernen, alle im Blick zu haben und freundlich zu grüßen. Welche Interpretation erzeugt bei dir die beste Laune? Diese solltest du wählen, denn dann bist du geistig leistungsfähiger und flexibler!

Mehr Optionen zu haben ist besser, als keine Wahlmöglichkeiten zu haben. Menschen treffen stets die beste Wahl aus den ihnen zur Verfügung stehenden Optionen.
Das bedeutet, dass Menschen, die mehrere Reaktionsmöglichkeiten kennen, auch die geeignete für die aktuelle Situation auswählen. Wenn ich bisher nur gelernt habe, Streitigkeiten durch Machteingriff zu lösen, habe ich keine andere Wahl. Wenn ich auch weiß, wie es funktioniert, zu verhandeln und die beste Lösung für alle zu finden, werde ich diese Möglichkeit zuerst wählen. Nur dann, wenn Gefahr in Verzug ist, nutze ich den Machteingriff. Ein anderes Szenario ist folgendes: Wenn ich denke, dass ich nur dann eine gute Mutter bin, wenn ich meinem Kind mittags ein gesundes warmes Essen koche, werden Tagesausflüge schwierig. Wenn ich mir aber klarmache, dass es in anderen Regionen der Welt Völker gibt, bei denen das Essen immer kalt serviert wird, und das zu ganz anderen Zeiten als bei uns, dann wird es schwierig, zu denken, dass dort nur schlechte Mütter leben. Ich kann beginnen, eine gute Mutter zu sein anders

zu definieren, sodass ich im Zusammenleben mit meinem Kind mehr Möglichkeiten habe.

Jedes menschliche Verhalten ergibt Sinn, wenn du die zur Verfügung stehenden Wahlmöglichkeiten im Kontext des eigenen Weltbildes siehst.
Das erklärt zum Beispiel, wieso Person A („mein Kind hat mich morgens nicht gegrüßt und scheint etwas gegen mich zu haben") vielleicht niedergeschlagen oder feindselig reagiert. Person B („das Kind ist mit etwas anderem beschäftigt") grüßt vielleicht einfach kurz oder macht gutgelaunt mit ihrer eigenen Beschäftigung weiter.

Hinter jedem Verhalten steckt eine positive Absicht.
Die positive Absicht bezieht sich nur auf die eigene psychische Verfassung – nicht auf andere Menschen! Beispiel: Wenn ein Mensch, der in Streitigkeiten nur gewaltsame Lösungen kennt, in einem Konflikt handgreiflich wird, ist das für seine eigene Psyche gut, weil er noch lebt. Er kennt ja nur die unterbewussten Glaubenssätze „Gewinnen bedeutet Überleben" oder „Verlieren bedeutet Sterben". Dieser Mensch benötigt erst weitere Wahlmöglichkeiten, um anders handeln zu können (zum Beispiel zum Nutzen beider Parteien zu verhandeln). Kleine Kinder möchten wie Erwachsene selbstbestimmt handeln. Wenn sie etwas nicht bekommen, kann es sein, dass sie sich schreiend auf die Erde werfen. Das tun sie nicht, um ihre Eltern zu ärgern, sondern um ihre Autonomie zu fordern und um sich emotional zu entlasten. Gehe also auch in solchen Situationen liebevoll mit deinen Kindern um und überlege genau, welche Verbote wirklich notwendig sind, denn Autonomie ist ein hohes Gut und macht gesund.

Jedes Verhalten ist in einem bestimmten Kontext nützlich.
Bleiben wir bei der gewaltsamen Konfliktlösung: Bei Notwehr oder Nothilfe ist auch Gewalt akzeptabel, wenn nichts Anderes Erfolg verspricht. Erziehung ist niemals Notwehr, dazu sind Kinder gar nicht stark genug – also ist Gewalt gegen Kinder inakzeptabel.

Es gibt kein Versagen, es gibt nur Feedback.
Menschen, die sich nicht gleich als Versager fühlen, wenn etwas nicht nach ihren Wünschen läuft, sind eher bereit, neue Wege zu beschreiten und Lösungen auszuprobieren, bis sie Erfolg haben. Menschen, die Fehler als Versagen interpretieren, geben viel schneller auf.

Menschen besitzen bereits alle Ressourcen, die sie für eine Veränderung benötigen.
Jeder Mensch ist lernfähig und hat in bestimmten Lebenssituationen Zugriff auf seine Ressourcen. Wichtig ist nur, dass er lernt, sie auch in den Situationen, in denen das bisher noch nicht so gut klappt, anzuwenden.

Wenn das, was du tust, nicht funktioniert, tu etwas anderes.
Wenn etwas nicht klappt, versuchen Menschen häufig, die Strategie, die sie verfolgen, noch intensiver umzusetzen, anstatt sich umzuorientieren und etwas Neues oder anderes zu probieren. Beispielsweise neigen Eltern, die eher streng mit ihren Kindern umgehen, dazu, die Kinder immer strenger zu behandeln, wenn diese rebellieren. Eltern, die ihren Kindern viele Freiheiten gewähren, denken eher, dass sie zu streng waren, wenn ihre Kinder rebellieren, und gewähren ihnen noch mehr Freiheiten.

Wenn diese Vorgehensweisen die Lage verschärfen oder zu keinem Erfolg führen, solltest du neue Wege gehen – meist stellt sich das als erfolgsversprechender heraus!

Flexibilität ist der Schlüssel zum Erfolg.
Wenn ich selbst bereit bin, mich zu ändern, habe ich mehr Einfluss auf das Zusammenleben mit anderen Menschen, als wenn ich die Veränderung von den anderen erwarte. Wenn sich dein Kind also nicht so verhält, wie du es dir wünschst, dann ändere dein eigenes Verhalten. Das ist deine beste Einflussmöglichkeit!

Alles, was ein Mensch kann, ist auch erlernbar. Alles ist erreichbar, wenn ich es nur in ausreichend kleine Schritte unterteile.
NLP meint an dieser Stelle mit kleinen Schritten einerseits, dass Ziele leichter erreichbar sind, wenn sie in kleine überschaubare Teilziele untergliedert werden. Dann kann ich mich nämlich schneller an Teilerfolgen erfreuen und das Belohnungssystem des Gehirns wird aktiviert. Andererseits meint NLP mit kleinen Schritten auch eine möglichst kurze und effiziente Strategie. Zum Beispiel können Menschen, die beim Anblick von Texten sofort innere Bilder und Filme zur Bedeutung des Gesehenen abrufen, deutlich schneller lesen als Menschen, die sich den Text innerlich vorlesen und erst dann die inneren Bilder und Filme erzeugen.

In unserem Buch ***Auch Mamas sind mal wütich!*** sind wir auf einige dieser Grundsätze ausführlich eingegangen und haben sie durch andere für uns essenzielle Annahmen zur Kindererziehung ergänzt. So haben wir aufgezeigt, wie diese Auffassungen den Erziehungsalltag positiv beeinflussen können. Sie stellen eine Basis dar, auf der das eigene Handeln stabil steht. Darüber hinaus haben wir in unser Buch auch weitere Ausführungen zum Thema Respekt/Augenhöhe und Regeln im Erziehungsalltag integriert.

Wie unsere Wahrnehmung funktioniert

Wir suchen einen Sinn für das,
was wir mit unseren fünf Sinnen wahrnehmen.

Die Wahrnehmung ist ein aktiver Prozess und funktioniert über unsere fünf Sinne: Sehen (visuell), Hören (auditiv), Riechen (olfaktorisch), Schmecken (gustatorisch) und Fühlen (kinästhetisch). Sie helfen uns dabei, die Welt zu verstehen. Ohne die gezielte Verarbeitung im visuellen Kortex bleiben die Wahrnehmungen zusammenhanglos und verwirrend. Die Art und Weise, wie wir die einzelnen Informationen im Gehirn koordinieren und bewerten, hängt von den Vorerfahrungen, den Einstellungen und den Erwartungen des Wahrnehmenden ab. Wir fügen die einzelnen Aspekte der Wahrnehmung so zusammen, dass sie aus unserer Sicht ein sinnvolles Ganzes ergeben.

Ohne vollständige Repräsentation der Wahrnehmungen in allen Sinnessystemen kann keine gut funktionierende Verarbeitung im Gehirn stattfinden.

Übung: Ressourcen aktivieren

Bei dieser Übung werden alle Sinne benötigt!

Teil 1:
Suche dir ein Bild oder einen Gegenstand aus, den du gerne sehen möchtest (visuell). Dann ein Geräusch, das du gerne hören möchtest (auditiv). Suche dir anschließend etwas aus, was du gerne fühlen/berühren möchtest (kinästhetisch). Nun etwas, woran du gerne riechen möchtest (olfaktorisch). Und zum Schluss etwas, was du gerne schmecken möchtest (gustatorisch).

Deine Familie kann bei der Übung natürlich auch mitmachen. Wichtig ist, dass sich jeder seine eigenen Lieblingsdinge zusammenstellt.

Wenn du alle Gegenstände zusammen hast, dann mach es dir bequem, lass dir Zeit und gehe in der erwähnten Reihenfolg vor. Nimm alles genau wahr.

1. Visuell
Schaue dir das Bild oder den Gegenstand, den du dir ausgesucht hast, genau an. Wie ist die Form? Wie ist die Farbe? Welche Struktur hat die Oberfläche etc.?

2. Auditiv
Imitiere das Geräusch. Wie klingt es? Laut oder leise? Hoch oder tief? Melodisch? Klingt es nach oder ist der Ton dumpf etc.?

3. Olfaktorisch
Nimm den Gegenstand, an dem du riechen möchten. Ist der Geruch stark oder schwach? Angenehm oder unangenehm? Frisch, muffig, süß, sauer etc.?

4. Gustatorisch
Nimm das Nahrungsmittel, das du schmecken möchtest. Wie fühlt es sich auf der Zunge an? Fest oder flüssig? Warm oder kalt? Schmeckt es süß, salzig, sauer, scharf oder bitter? Hat es einen Geschmack oder mehrere Geschmäcker? Kann es zerbissen werden oder schmilzt es usw.?

5. Kinästhetisch
Nimm den gewählten Gegenstand und fühle ihn. Ist er rau oder weich? Fest oder biegsam? Warm oder kalt? Groß oder klein etc.? Ihr könnt euch gerne darüber unterhalten, was genau ihr gerne seht, hört, riecht, schmeckt und fühlt.

Teil 2:
Wenn du die Übung zusammen mit deinen Familienangehörigen durchführst, könnt ihr auch einmal die Lieblingsdinge tauschen und euch gegenseitig berichten, was ihr wahrnehmt und wie gerne ihr den jeweiligen Gegenstand mögt. Die Wahrnehmung kann hierbei sehr unterschiedlich sein. So wird allen Beteiligten klar, dass Vorlieben sehr individuell sind und jeder Mensch einzigartig ist.

Teil 3:
Packe nun die Gegenstände weg und erinnere dich an das, was du an ihnen besonders liebst. Berichtet euch gegenseitig, was genau ihr bei dieser Erinnerungsübung seht, hört, fühlt, riecht und schmeckt und wie gerne ihr das mögt. Dein Gehirn kann sich nämlich nur erinnern, indem es die Sinneswahrnehmungen in der Erinnerung aktiviert.

Das war das erste kleine Mentaltraining. Du hast eine Ressource aus der Erinnerung aufgerufen und damit Einfluss auf die eigene Stimmung genommen – Glückwunsch!

Nun hast du all deine Sinne benutzt und genau darauf geachtet, was sie wahrnehmen können. Du hast deine Sinne bewusst eingesetzt und geschärft. Vielleicht hast du dabei sogar etwas Neues entdeckt, das dir vorher nicht bewusst war. Nutze auch im Alltag all deine Sinne. Sie helfen dir dabei, deine Umwelt genauer wahrzunehmen. Mit diesen zusätzlichen Informationen über deine Umwelt kannst du bessere Entscheidungen treffen.

Vorteile des NLP für die ganze Familie

Erziehungsmethoden gibt es unzählige. Manche sind modern, andere eher konservativ, wieder andere sind strikt. Die Liste kann beliebig verlängert werden. Nur welche davon ist individuell, zukunftsorientiert, alltagstauglich, nachhaltig, erfolgreich und flexibel? Welche davon passen zu mir, meinem Kind, meiner Familie, meinem Leben? Welche Methoden stärken mich und mein Kind und schnüren mich nicht in ein festes Korsett, von dem ich annehme, dass ich es auf gar keinen Fall sprengen darf, wenn ich den Erziehungserfolg nicht gefährden möchte.

NLP-Methoden bieten alle gewünschten Vorteile, weil sie jeden Menschen mit seinen Vorlieben, Stärken und Schwächen individuell berücksichtigen und gleichzeitig Grundprinzipien in der mentalen Verarbeitung aufzeigen.

Vorteile für die Kinder

Wenn du NLP-Methoden bei der Kindererziehung anwendest, bringst du deinen Kindern von Anfang an ganz nebenbei sinnvolle, nachhaltige und effektive Methoden bei, die sie ihr Leben lang nutzen können. Es geht nicht darum, eine Handlung ganz konkret auszuführen, wie etwa einen Knopf anzunähen, obwohl das natürlich auch eine wichtige Fähigkeit ist. Hier geht es um universell anwendbare Fähigkeiten wie einen respektvollen Umgang miteinander, die Überzeugung, dass es kein Scheitern gibt, sondern Feedback, Strategien, wie Lernen am besten und schnellsten funktioniert und dabei noch Spaß macht, die Erkenntnis, dass Empathie für das soziale Miteinander wichtig ist, Strategien, wie ich meine eigenen Visionen und Träume erkennen und in die Realität umsetzen kann.

Mit NLP-Methoden bringst du deinen Kindern die Fähigkeit bei, flexibel auf das Leben zu reagieren. Denn die Welt ist nicht statisch! Das Wissen der Menschheit verdoppelt sich aktuell etwa jedes Jahr! Als ich (Kirsten) in der zehnten Klasse war, erzählte mir meine damalige Geschichtslehrerin, dass das, was wir aktuell in Mathe machen würden, bei ihr im Abitur abgefragt worden sei. Nun ist auch mein dreizehntes Schuljahr schon ein wenig her und mich würde es tatsächlich interessieren, in welcher Klasse heute der Schulstoff unterrichtet wird, den ich im Abiturjahrgang gelernt habe.

Es macht also durchaus Sinn, wenn du deinen Kindern das Lernen beibringst. Denn zu lernen ist ein lebenslanger Prozess. Universelle Fähigkeiten wie Lernen sorgen dafür, dass deine Kinder auf Veränderungen mit Selbstvertrauen reagieren können, sich auch in verändernden Umweltsituationen zurechtfinden und ihr Leben glücklich, liebevoll und erfolgreich leben können.

Vorteile für die Eltern

Warum soll ich es mir schwer machen, wenn es für alle Beteiligten auch leicht gehen kann, und zwar mit einem besseren Ergebnis?
Warum soll ich nicht gleichzeitig etwas für mich und meine Kinder tun?
Warum soll ich nicht etwas tun, was mir auch Spaß machen kann?
Genau.
Es darf für mich leicht sein und erfolgreich!
Es darf für mich, mein Kind, für die ganze Familie angenehm und nützlich sein!
Wir dürfen alle dabei Spaß haben!

Kleine Geschichte zum Thema NLP und Kinder

Als mein (Kirstens) älterer Sohn etwa zwei Jahre alt war, hatte er abends immer Angst vor Fliegen, die seiner Meinung nach in seinem Zimmer waren. Zuerst haben wir ihm erklärt, dass dort keine sind, allerdings hat das nicht funktioniert. Also sind wir zu einer anderen Strategie übergegangen: Wir haben abends die Fliegen durch das Fenster aus dem Zimmer gescheucht und dieses dann schnell geschlossen. Abgesehen davon, dass abends nun eine Tobeaktion auf dem Programm stand, hat dieses Vorgehen auch nicht geholfen. Also waren wir flexibel und ich habe ihm eine Fliegenklatsche gekauft. Wie du vielleicht schon vermutest, hat das auch nicht für den gewünschten Erfolg gesorgt. Also habe ich mich auf das Wesentliche konzentriert. Er sollte mir die Fliegen beschreiben; wo sie sind und wie sie aussehen. Nachdem er das getan hatte, konnte ich verstehen, warum er sie nicht mochte. Denn sie waren in seiner Vorstellung etwa 20 Zentimeter groß, braun und befanden sich oben an der Zimmerdecke. Das waren doch Informationen, mit denen ich gut arbeiten konnte! Wir haben also gemeinsam herausgefunden, welche Farbe und welche Größe die Fliegen haben sollen, damit er keine Angst mehr vor ihnen hat, und beruhigt die Nacht verbringen kann. Anschließend hat er sein inneres Bild daran angepasst und ab dem Abend war die Angst vor Fliegen verschwunden. Durch die Veränderungen haben sie sich aufgelöst und kamen auch nie wieder. NLP hieß in dieser Situation die Lösung.

WISSENSWERTES AUS PSYCHOLOGIE, NEUROWISSENSCHAFTEN UND MEDIZIN

Vielleicht hast du schon einmal etwas über den Placeboeffekt in der Medizin gehört? Dabei handelt es sich um eine auf medizinische Behandlungen bezogene Sonderform der sogenannten sich selbst erfüllenden Prophezeiung. Menschen werden beispielsweise gesund, obwohl sie nur ein Scheinmedikament oder eine vorgetäuschte Behandlung erhalten haben. Bei der Erforschung dieser Phänomene wird untersucht, wie sich die Erwartung, dass etwas geschehen wird, auf das Ergebnis der Behandlung auswirkt.

Vielleicht fragst du dich gerade, was das mit Kindererziehung zu tun hat. Ich kann dir sagen: sehr viel sogar! Der komplette Forschungszweig zur sich selbst erfüllenden Prophezeiung (Rosenthal-Effekt) begann nicht im medizinischen Bereich, sondern mit Lernexperimenten des Forschers Robert Rosenthal, die bereits 1963 veröffentlicht worden waren. In dem Versuch wurden zwei Gruppen von Studenten Ratten zugeteilt, denen sie beibringen sollten, durch ein Labyrinth zu laufen. Der einen Studentengruppe wurde gesagt, dass es sich um besonders schlaue Ratten handeln würde, der anderen Gruppe teilte man mit, dass ihre Ratten besonders dumm seien. Die scheinbar schlauen Ratten lernten natürlich viel schneller, durch das Labyrinth zu laufen als die scheinbar dummen Ratten. Tatsächlich waren jedoch alle Ratten gleich intelligent.

Der einzige Unterschied zwischen den Versuchsgruppen war die Vorinformation über die Tiere und damit die Erwartungen der Studenten. Diese Vorerwartungen wirkten sich auf die Behandlung der Ratten und damit auf deren Lernbedingungen aus. Die „klugen“ Ratten erhielten etwa Namen, wurden gelockt und mit Leckerbissen für Erfolge belohnt, die „dummen“ Ratten wurden dagegen geschubst und schlecht behandelt – sie hatten also denkbar schlechte Lernbedingungen.

Natürlich gab es zu jener Zeit auch Schulexperimente zu diesem Thema: Schüler von Schulklassen, deren Lehrern erzählt wurde, dass ihre Schüler besonders dumm seien, erzielten am Ende des Schuljahrs schlechtere Lernergebnisse und schlechtere Ergebnisse in einem Intelligenztest als Schüler von Schulklassen, deren Lehrer zu Beginn des Schuljahrs darüber informiert worden waren, dass sie besonders intelligente Schüler hätten. Die Schüler aller Klassen erzielten zu Beginn des Schuljahrs die gleichen Werte im Intelligenztest, im Verlauf des Jahres verbesserten bzw. verschlechterten sich ihre Ergebnisse jedoch in dem Ausmaß, wie die Lehrer es von ihnen erwartet hatten.

Was du noch wissen solltest: Gedanken hören nicht an der Stirn auf. Im Gehirn gibt es sogenannte Spiegelneuronen. Das sind Nervenzellen, die die Gefühle und Stimmungen anderer Menschen und Lebewesen aufnehmen. Diese Zellen bilden unser Nervensystem für Mitgefühl und auch das Herz und der Darm haben ein eigenes kleines Gehirn, das Signale aus der Umwelt verarbeitet.

Auch hierzu gibt es interessante Experimente, die mit dem Thema Lernen verknüpft sind: Beispielsweise wurden in einem Experiment Nachhilfeschüler an Instrumente angeschlossen, die das Stress- bzw. Ruhelevel messen können (mithilfe eines EEGs und des Hautwiderstands). Man erklärte ihnen, dass der Effekt von Nachhilfeunterricht gemessen werden sollte. Sie befanden sich am Ende eines sehr großen Raumes mit dem Rücken zur Tür. Die Versuchspersonen konnten den eintretenden Nachhilfelehrer also nicht sehen. Unterschiedliche Nachhilfelehrer erhielten unterschiedliche Vorinformationen über ihre Schüler: Manchen Nachhilfelehrern wurde erzählt, dass sie sich auf einen netten und klugen Schüler freuen dürfen, der motiviert sei und seine Defizite schnell aufarbeiten würde. Anderen Nachhilfelehrern wurde erzählt, dass sie sich auf einen unfreundlichen, dummen und unmotivierten Schüler einstellen sollten, bei dem der Nachhilfeunterricht schwierig werden würde. Das Ergebnis des Experiments sah folgendermaßen aus: In dem Moment, in dem Lehrer mit positiven Erwartungen den Raum betraten, konnten bei den Schülern im Gehirn Ruhepotentiale und ein normaler Hautwiderstand gemessen werden – ihnen ging es gut. In dem Moment, in dem Lehrer mit negativen Erwartungen in den Raum kamen, konnten bei den Schülern im Gehirn Stresspotentiale und ein erhöhter Hautwiderstand gemessen werden – ihnen ging es schlecht. Die Schüler konnten also spüren, was der Lehrer von ihnen hielt, und zwar bevor sie ihn überhaupt gesehen hatten. Wenn jemand eine schlechte Meinung von ihnen hatte, war ihr Stresslevel hoch. Was das für den Lernerfolg bedeutet, wissen wir bereits vom Rosenthal-Effekt.

Das Besondere an dem Experiment mit den Nachhilfeschülern ist, dass die Information über die Vorerwartung des Nachhilfelehrers weder mit Worten noch über Mimik, Gestik oder Tonfall übertragen wurde. Offenbar gibt es weitere Übertragungswege – Gedanken scheinen deutlich weiter zu reichen.

Inzwischen ist bekannt, dass das Herz über ein eigenes Nervensystem verfügt und elektromagnetische Signale aussendet, die über eine Entfernung von mehreren Metern hinweg gemessen werden können. Diese Signale enthalten auch Informationen über Atmung und Gehirnwellen.

Die eigenen Erwartungen und die damit verbundene Stimmung beherrschen unsere Beziehungen also deutlich mehr als die meisten Menschen ahnen; und damit auch unsere Art zu kommunizieren. Das betrifft auch deine Meinung über dich selbst: Wenn du über dich selbst denkst, dass du eine Situation meistern wirst, dann wirst du das schaffen – wenn du denkst, dass du scheitern wirst, dann wird auch das wahr werden.

Wenn du von deinen Kindern denkst, dass sie sich gleich wieder kloppen werden, so werden sie genau das auch tun, weil es von ihnen erwartet wird. Oder wenn du denkst, dass dein Kind in der Schule scheitern wird, weil es bestimmt genauso schlecht in Mathe ist wie schon alle in der Familie, dann wird dein Kind das spüren, Stress mit Mathe haben, und schon deshalb schlechte Noten schreiben, weil Stress ein schlechter Lehrmeister ist. Lernen funktioniert nämlich am besten in ruhiger, gelassener und fröhlicher Stimmung.

Für alle Beteiligten wäre es also besser, wenn du denkst, dass deine Kinder friedlich miteinander spielen werden und Mathe ihnen leichtfallen wird.

Vielleicht ahnst du schon, wie wichtig es für die Erziehung ist, mit alten Befürchtungen aufzuräumen und dich selbst in einen guten Zustand zu begeben, indem du zuversichtlich gegenüber der Zukunft deiner Kinder bist, denn sie tun dies zusammen mit dir und bilden ihre eigenen Erwartungen aus, indem sie zunächst die Erwartungen der Eltern kopieren.

Da Erzieher, Lehrer etc. ebenfalls an der Erziehung deiner Kinder beteiligt sind, ist es wichtig, auch deren Erwartungen zu kennen und falls nötig, gelassen zu verbessern, um den Kindern auch an anderen Orten gute Lernbedingungen zu ermöglichen. Deshalb solltest du auch Erziehern und Lehrern zutrauen, dass sie ihren Job gut machen und eine gute Meinung über dein Kind entwickeln können, falls diese noch nicht vorhanden ist, denn auch in der Beziehung zu Lehrern und Erziehern wirkt deine Meinung über deren Fähigkeiten Wunder.

Übung: Magic Words

Magic Words ist eine sehr schöne NLP-Übung von Cora Besser-Siegmund, um Blockaden zu lösen. Manchmal reicht es bereits, nur ein Wort zu sehen, zu hören oder daran zu denken, und es läuft einem der kalte Schauer den Rücken hinunter. Allein die Vorstellung von einem Wort löst eine Blockade aus. Genau an dieser Stelle setzt Magic Words an.

Die Übung ist sehr einfach, effektiv und läuft folgendermaßen ab:

1. Stell dir ein Wort, das dich besonders belastet, geschrieben vor. Achte genau darauf, wie genau es in deinem inneren Bild (in deiner Visualisierung) aussieht.

2. Male dein inneres Bild auf.

3. Wie wirkt dieses Bild auf dich?

4. Nun wird dein inneres Bild optimiert!
Bitte dein Unbewusstes, ein Bild des Wortes entstehen zu lassen, mit dem du besonders angenehme Gefühle und großen Erfolg verbindest.

5. Male dein neues Bild auf.

6. Wie wirkt dieses Bild auf dich?

Du wirst feststellen, dass du nun anders auf dieses Wort reagierst. Der Schrecken ist verflogen. Mit dieser Methode kannst du jedes Wort deiner Wahl verzaubern, sodass es dich nicht mehr blockiert, sondern dir Möglichkeiten eröffnet. Damit du deine Erfolge überprüfen kannst, ist es wichtig, dass du die Bilder auch wirklich aufmalst. Nur so kannst du die Unterschiede, also das Ergebnis deiner eigenen Veränderungskraft, auch wirklich sehen und im Vergleich wahrnehmen. Die Bilder sollen keine Kunstwerke werden, du musst sie auch niemandem zeigen. Du malst sie nur für dich selbst, denn manchmal ist es schön, die innere Veränderung beobachten zu können; zu sehen, wie du begonnen hast und wie weit du schon gekommen bist – denn das vergessen wir Menschen gerne mal.

WEGE ZUM GLÜCK

In diesem Abschnitt des Buchs findest du eine Sammlung von Anregungen, Geschichten und Übungen, die dir vielfältige Möglichkeiten aufzeigen, wie du dein persönliches Lebensglück und das Lebensglück deiner Familienangehörigen positiv beeinflussen kannst.

Liebe als Weg zum Glück

Der Ursprung der menschlichen Liebe ist die Mutter.
Unbekannt

An dieser Stelle könnten unzählige Beispiele stehen, wie eine liebevolle Erziehung aussehen kann. Doch in jeder Familie sieht dies anders aus, jedes Familiensystem ist anders und alle Kinder sind anders. Daher kann ein wesentlicher Satz für eine liebevolle Erziehung folgender sein:

Lass dich bei deinen Entscheidungen von der Liebe leiten.

Übung: Liebe fühlen

An dieser Stelle geht es nicht darum, geliebt zu werden – auch wenn das natürlich sehr schön ist. Bei dieser Übung geht es darum, aufzuspüren, wie es sich anfühlt, Liebe zu schenken. Einer Person, einem anderen Lebewesen, einem Thema, einem Gegenstand, einer Landschaft, einem Kunstwerk, dem Leben oder wen oder was auch immer du aktiv lieben möchtest.

Im NLP aktiviert man Kraftquellen (Ressourcen), indem man sie mit allen Sinnen erlebt, als würde die erinnerte Situation in diesem Moment geschehen. So werden die Kraftquellen wieder lebendig und transportierbar. Auf diese Weise sind sie für Situationen nutzbar, in denen es gut wäre, sie zu verspüren.

Erinnere dich an einen Moment in deinem Leben, in dem du gefühlt hast, dass du Liebe gibst – mit ganzem Herzen.

Erlebe nun diese Situation noch einmal mit allen Sinnen, als würde sie jetzt geschehen.

Was genau nimmst du wahr, wenn du dieses Gefühl der Liebe spürst?

- An welcher Stelle deines Körpers fühlst du, dass du liebst? Bleibt das Gefühl an dieser Stelle? Wandert es oder dehnt es sich vielleicht aus?

- Wie genau fühlt es sich an? Eher warm oder kühl? Eher schwer oder leicht? Eher eng oder weit? Eher weich oder hart? Vielleicht fließend, strömend, prickelnd, fließend oder wie auch immer. So, wie du es fühlst, ist es genau richtig.

- Bitte nun dein Unbewusstes, dir für dieses Gefühl eine Farbe zu zeigen. Lass dich überraschen, welche Farbe zur Liebe gehört.

- Bitte dein Unbewusstes nun, dir einen Klang zu schenken, der zur Liebe gehört.
- Bitte dein Unterbewusstes auch, dir einen Geruch und Geschmack zu schenken, der zur Liebe gehört.
- Erlaube deinem Unbewussten nun, all das, was dich wissen lässt, wie sich Liebe genau anfühlt, zu verdoppeln und noch einmal zu verdoppeln.
- Bitte dein Unbewusstes, all das abzuspeichern und wann immer du Liebe benötigst, zur Verfügung zu stellen.
- Vielleicht fallen dir schon jetzt einige Situationen, Menschen, andere Lebewesen, Themen oder Dinge ein, die du ab jetzt mit mehr Liebe betrachten und behandeln möchtest. Tue das jetzt und achte auf die positiven Folgen deiner neuen Einstellung. Es lohnt sich.

Nun weißt du, woran genau du Liebe erkennst und wofür du dieses Wissen und deine Fähigkeit, Liebe einfach zu erzeugen und zu fühlen, in Zukunft verstärkt einsetzen wirst. Wenn du magst, kannst du dir hierzu ein paar Notizen machen.

Notizen:

Mitgefühl als Weg zum Glück

Empathie oder Mitgefühl ist die Fähigkeit, sich in andere hineinzufühlen. Diese Fähigkeit ist im Zusammenleben mit anderen Menschen unerlässlich und kann im Umgang mit Kindern die Welt retten! Sowohl die des Kindes als jene der Eltern. Und das gilt nicht nur, wenn du gerade einen kleinen Trotzphase-Experten zu Hause hast. Schon Shakespeare wusste, dass es mit Liebe und einem mitfühlenden Herz möglich ist, selbst die Widerspenstigen zu zähmen.

Wichtig ist, zwischen Mitleiden und Mitfühlen zu unterscheiden. Erwachsenen erscheinen die Probleme und Sorgen von kleinen Kindern manchmal so winzig und unwichtig. Für uns Erwachsene mag das womöglich immer wieder so sein, aber nicht für die Kinder. Es ist ihre Welt, es sind ihre Sorgen, Ängste, Schmerzen und Wünsche, die für sie wichtig sind. Und wenn du nicht darüber hinweggehst und die Sorgen deiner Kinder nicht als unwichtig abtust, sondern dir eine Minute Zeit nimmst, um auf dein Kind einzugehen, zu fühlen und zu verstehen, was hinter einem „Ich will“ oder einem Weinen steht, ist die Lösung manchmal ganz einfach. Zum Beispiel kann es der Einkaufszettel in der Hand des Kindes sein, damit es zufrieden im Einkaufswagen sitzen bleibt; oder die Brettchen, die es selbst zum Abendbrottisch tragen darf; oder das selbst eingeschenkte Glas Wasser; oder das selbst in die Rührschüssel geschüttete Backpulver; oder das selbst gesaugte Zimmer; oder der Staublappen in der Hand; oder, oder, oder – die Liste lässt sich unendlich weiterführen.

Übung: Mitgefühl trainieren

Eine Möglichkeit, um Mitgefühl zu aktivieren, ist es, die gleiche Haltung, Mimik und Gestik einzunehmen wie die Person, mit der ich Kontakt aufnehmen und bei der ich mitfühlen möchte. NLP nutzt diese Möglichkeit bewusst, um den Kontakt zwischen zwei Personen absichtlich zu verbessern, wenn es am Mitgefühl hapert. Mitgefühl stellt sich immer dann automatisch ein, wenn zwei Personen die gleiche Wellenlänge haben.

Dies ist eine schöne Übung, für die zwei Personen benötigt werden (Geschwister, andere Familienmitglieder, Freunde).

1. Eine Person überlegt sich ein Gefühl, behält es für sich und setzt oder legt sich so hin, wie es zu dem Gefühl passt. So kann sich ein Kind zum Beispiel so hinlegen, wie es sich hinkuschelt, wenn es müde ist.
2. Das andere Kind oder eine andere Person nimmt nun genau die gleiche Position ein.
3. Nun beschreibt die Person, die die Haltung nachahmt, was genau sie in ihrem Körper wahrnimmt und benennt das Gefühl – hier Müdigkeit.
4. Du kannst diese Übung mit verschiedenen Gefühlen machen. Achte bitte nur darauf, dass jeder auch körperlich dazu in der Lage ist, die vorgemachten Positionen einzunehmen.

Mit dieser Übung kannst du die Körperwahrnehmung, das Benennen von Gefühlen und die Aufmerksamkeit schulen.

Respekt als Weg zum Glück

Dieses Thema liegt mir (Kirsten) sehr am Herzen und ich finde es wirklich wichtig, dass wir unser Gegenüber mit Respekt behandeln. Wie kann ich erwarten, dass mich jemand mit Respekt behandelt, wenn ich andere respektlos behandle?

Wie kann ich erwarten, dass meine Kinder selbstbewusste Menschen sind, wenn ich sie nicht respektiere?

Wie kann ich meinem Gegenüber auf Augenhöhe begegnen, wenn ich den anderen immer so klein wie einen Zwerg wahrnehme?

Jeder Mensch hat Respekt und Augenhöhe verdient. Allein deshalb, weil er existiert.

Im Alltag heißt das in Bezug auf meine Kinder, dass ich ihre Sorgen ernst nehme. Egal, wie klein sie aus meiner Sicht erscheinen mögen! Ich respektiere mein Kind und damit auch seine Sorgen, Gefühle, Ansichten. Mit Respekt kann ich einen Konflikt auch lösen. Kinder sind keine kleinen Erwachsenen. Sie sind Kinder, die andere Rechte als Erwachsene haben. Hier geht es um das gleiche Recht auf Respekt und GleichWERTigkeit. Einfach deshalb, weil sie als Menschen existieren.

Kinder haben auch ein Recht auf gewaltfreie Erziehung. Körperliche Bestrafungen, seelische Verletzungen und andere entwürdigende Maßnahmen sind unzulässig. So hat es der deutsche Gesetzgeber beschlossen, was im Bundesgesetzbuch unter Paragraf 1631 festgehalten wurde. Gewaltfreiheit ist für mich ein Menschenrecht.

Zuhause auf Augenhöhe

Der Respekt zu Hause zeigt sich in vielen Facetten, die sich auch bei verschiedenen Familien auf unterschiedliche Weise äußern. Zeichen für gegenseitigen Respekt sind beispielsweise folgende:

- sich gegenseitig ausreden lassen
- Schweigen können
- laut sein dürfen
- „Bitte" und „Danke" sagen (Kinder lernen das von ihren Eltern. „Hilf mit bitte, den Tisch abzuräumen." „Danke, dass du mir die Tür aufgehalten hast." „Danke für das schöne Bild, ...)
- gemeinsam mit dem Essen beginnen
- jeder darf essen, wenn er/sie Hunger hat
- aufstehen dürfen, wenn man mit dem Essen fertig ist
- das Haustier gut behandeln
- antworten, wenn jemand angesprochen wird
- sich zurückziehen dürfen, wenn man allein sein möchte
- versuchen, das Zuhause sauber zu halten/beim Saubermachen mithelfen
- ein gewisses Maß an Unordnung tolerieren, da jeder andere Bedürfnisse hat
- sich entschuldigen (gilt für Groß und Klein)

Kinder, Lehrer und Erzieher auf Augenhöhe

Respekt und Augenhöhe sind keine Einbahnstraße. Ebenso wie Lehrer und Erzieher mit Respekt und auf Augenhöhe behandelt werden wollen und sollen, gilt dies auch für Kinder. Denn wie sollen Kinder ein solches Verhalten erlernen, wenn es ihnen niemand vorlebt und sie es somit auch nicht selbst erleben?

Genau das geht nicht. Du solltest dich also entsprechend verhalten, damit sich deine Kinder dein Verhalten abschauen können.

Du darfst von Lehrern und Erziehern erwarten, dass sie Kinder mit Respekt behandeln. Das kannst du ihnen auch respektvoll mitteilen, falls sie das nicht tun sollten. Deine Kinder dürfen auch miterleben, dass du respektvoll für sie einstehst.

Besonders wichtig finde ich bei Kindern, dass sie nicht nur für Leistung respektiert und gelobt werden, sondern grundsätzlich für ihre Existenz – auch wenn sie sich nicht so verhalten, wie du es dir wünschst. Natürlich kannst du als Elternteil, Lehrer und Erzieher die Leistungen der Kinder gut finden. Dies kann die Motivation noch einmal steigern. Grundsätzlich ist es jedoch wichtig, dass Motivation von Innen kommt, also aus der Person selbst. So entsteht nicht nur eigene Motivation, sondern auch der Respekt vor der eigenen Leistung.

Neben der Person und deren Leistungen sollten auch Meinungen respektiert werden. Und zwar nicht nur die eigene Meinung oder ähnliche Meinungen. Eine Diskussion fußt auf dem Respekt vor der Meinung anderer. Egal, ob ich dieser Meinung zustimme oder nicht. Dieser Umstand zeigt sich auch an meiner Reaktion auf die Meinungen anderer. Unterbreche ich die Person, negiere ich ihre Meinung, lasse ich sie nicht gelten oder denke ich über die Ansätze der jeweiligen Meinung nach, versuche ich, etwas nachzuvollziehen.

Dies bedeutet nicht, dass ich die Meinung übernehmen soll. Es bedeutet, dass ich Respekt zeige. Mit der Benotung durch einen Lehrer muss ich nicht einverstanden sein. Doch ich kann das Thema respektvoll und sachlich besprechen. Auch müssen Lehrer Gedanken von Schülern nicht direkt ablehnen oder als falsch beurteilen, nur weil sie nicht dem Plan entsprechen oder kreativer gedacht sind. Zum respektvollen Miteinander gehört also auch ein gewisses Maß an Selbstreflexion. Und wie gesagt: Wie sollen Kinder die genannten Verhaltensweisen lernen, wenn die Erwachsenen in ihrem Umfeld sie ihnen nicht vorleben?

Kleine Geschichte zum Thema Augenhöhe

Ich (Kirsten) arbeitete im Lerncoaching einmal mit einer etwa 14 Jahre alten Schülerin, die mit ihrer Lehrerin nicht gut klarkam. Das beruhte wohl auf Gegenseitigkeit, da es immer wieder Probleme gab. Während des Coachings, bei dem es eigentlich um etwas anderes ging, kam dann das Gespräch auf diese Lehrerin und den Stress, den das Mädchen mit ihr hatte. Und das war bedeutsam, da es in Kürze zu einem sehr wichtigen Gespräch mit dieser Lehrerin kommen sollte. Ich stellte einige Fragen und hörte genau zu, beobachtete mein Gegenüber und mir wurde recht schnell klar, dass es hier um das Thema Augenhöhe ging. Die Schülerin empfand die Lehrerin in ihrer Wahrnehmung als viel größer, als sie es in realer Größe war; sich selbst als kleiner, als sie tatsächlich war. So kam es zu einem kleinen Problem mit großen Auswirkungen: Das Mädchen hatte Angst vor der sie in ihrer Wahrnehmung überragenden Lehrerin und reagierte mit Stress und Ablehnung. Zudem fühlte sie sich immer von dieser „großen Person“ bedroht. Bei unserem Treffen bearbeitete ich mit ihr die eigene Wahrnehmung der Größenverhältnisse und sorgte für Augenhöhe und eine Wahrnehmung mit tatsächlichen Körpergrößen. Das brachte sehr schnell sehr gute Ergebnisse, sodass das Gespräch mit der Lehrerin erfolgreich verlief und das Schuljahr für das Mädchen gerettet war.

Übung: Beziehungen verbessern

Zur Erklärung vorab: Beziehungen werden vom Gehirn in einem mentalen Raum dargestellt, das zeigen Äußerungen wie: jemand steht mir nahe, verhält sich distanziert, stärkt mir den Rücken, steht mir zur Seite, konfrontiert mich, blickt mit mir zusammen in die Zukunft.

Wird die Stellung, Distanz, Blickrichtung etc. zueinander im mentalen Bild verändert, verändert sich auch die gefühlte Beziehung. Und dieses Gefühl verändert wiederum die Erwartungen und das Kommunikationsverhalten.

Bei dieser Übung spielt es keine Rolle, an welche Person du dabei denkst. Entscheidend ist, dass du die Beziehung zu dieser Person verbessern möchtest; sei es die Chefin, ein Arbeitskollege, eine Erzieherin, ein Lehrer, der Partner, das eigene Kind oder ein Elternteil.

Bastle dir aus zwei Blättern Papier zwei Pfeile und schreibe auf einen davon deinen eigenen Namen – auf den anderen den Namen der Person, zu der du die Beziehung verbessern möchtest.

Leg die beiden Pfeile nun intuitiv im Raum aus – die Stellung der beiden Pfeile zueinander bildet dabei die aktuelle Beziehung zwischen dir und der anderen Person ab. Die Spitze des jeweiligen Pfeiles zeigt dabei die Blickrichtung an.

Stelle dich zunächst auf deinen eigenen Pfeil und nimm wahr, wie es sich anfühlt, die andere Person auf der Stelle und mit der Blickrichtung wahrzunehmen, die du ihr zugewiesen hast. Wie genau fühlst du dich? Vermutlich nicht so gut.

Wechsle nun auf den Pfeil der anderen Person und schlüpfe in ihre Haut. Wie fühlt es sich an, diese Person an dieser Stelle in dieser Art der Beziehung zu dir selbst zu sein? Wahrscheinlich auch nicht so prickelnd.

Nun kannst du damit beginnen, die Pfeile und die Richtungen, in die diese zeigen, so lange zu verschieben, bis du dich auf jedem der Pfeile wohlfühlst. Prüfe dabei auch, ob sich am Ende beide Personen auf Augenhöhe begegnen.

Immer wenn du etwas verändert hast, kontrolliere anschließend den Effekt auf die Beziehung. Überprüfe jede Position, indem du in die betreffende Person an dem jeweiligen Ort schlüpfst. Es muss für alle Beteiligten immer mindestens gleich gut oder besser werden – sonst wird die Veränderung rückgängig gemacht.

Verlasse die Übung zuletzt aus deiner eigenen Position, wenn du beide Positionen überprüft hast und mit der Veränderung zufrieden bist. Kinder können diese Übung genauso machen wie du selbst. Meist spüren sie intuitiv, was ihnen guttut.

Hier findest du ein Beispiel mit einer Ausgangssituation und zwei verschiedenen Lösungsmöglichkeiten. Selbstverständlich gibt es auch noch weitere Möglichkeiten – Hauptsache, ihr fühlt euch gut dabei.

Beispiel: Ausgangssituation

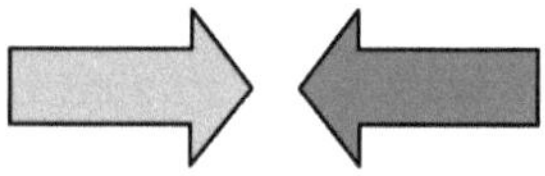

Beispiel: Lösungsmöglichkeit 1

Beispiel: Lösungsmöglichkeit 2

Nun bist du selbst dran, bereite dir die Pfeile vor und lege sie intuitiv im Raum aus. Notiere dir dann im Kasten die Ausgangssituation.

Meine eigene Ausgangssituation

Meine eigene Lösung

Verändere nun die Beziehung der Pfeile zueinander so lange, bis es sich auf beiden Positionen gut anfühlt und verlasse die Übung aus deiner eigenen Position heraus. Zeichne dein Ergebnis danach in den Kasten unten ein.

Bindung als Weg zum Glück

Kinder brauchen feste Bezugspersonen. Ob es nun die Eltern sind oder andere Personen, bei denen sie aufwachsen, ist nicht so wichtig. Wichtig ist aber, dass sie Menschen haben, an die sie sich wenden können, wenn sie etwas bewegt – im Positiven wie im Negativen; Menschen, die eine Konstante im Leben der Kinder darstellen; von denen sie Liebe bekommen und die sie selbst lieben können. Ein starkes Band zwischen Eltern und Kind bietet ein Leben lang Sicherheit und Geborgenheit. Mit dieser Sicherheit im Hintergrund können Kinder sich ausprobieren, die Welt entdecken, Freude teilen und sich mutig den Herausforderungen des Lebens stellen. Zu der Bindung gehört von Seiten der Eltern jedoch auch, dass Kinder ihre eigenen Erfahrungen machen dürfen, denn nur so können sie lernen, Selbstvertrauen entwickeln und ihre Selbstwirksamkeit erleben. Mehr hierzu findest du im weiteren Verlauf dieses Buchs. Bindung hat also nichts mit anbinden oder festbinden zu tun, sondern mit emotionaler Sicherheit. Die emotionale Bindung zwischen Eltern und Kind ist als ein emotionales Sicherheitsnetz fürs Leben zu verstehen. Diese Bindung baust du täglich durch Zuhören, gemeinsames Lachen, Aufmerksamkeit, Körperkontakt, Unterstützung, Trösten etc. auf.

Verantwortung und Fürsorge als Weg zum Glück

Das Wohl des Kindes steht an erster Stelle. Dieses schlichte und klare Statement bringt es auf den Punkt. Es kommt nicht auf Prestige, Ego oder die Meinung anderer an. Kinder können nicht für sich selbst einstehen, dies müssen ihre Eltern oder Erziehungsberechtigten tun – also du.

Zusammenarbeit mit der Kita

Die Zusammenarbeit mit der Kita kann schon früh Dinge in die richtige Bahn lenken. Dort können die Erzieher noch individueller als Lehrer in der Schule auf die Kinder eingehen, sie beobachten und Unterstützung anbieten. Tausche dich mit den Erziehern aus. Für eine gute Zusammenarbeit ist das sinnvoll. Hand in Hand können bessere Effekte für das Kind erzielt werden. Zudem kennen die Erzieher die Kinder nur im Umfeld der Kita, wohingegen die Eltern sie nur im häuslichen Umfeld kennen. Da kann es schon einmal vorkommen, dass Eltern und Erzieher das Gefühl haben, von zwei unterschiedlichen Kindern zu sprechen. Wobei ich die Zusammenarbeit nicht nur in eine Richtung sehe. So sollten nicht nur die Eltern mit der Kita zusammenarbeiten, sondern auch die Kita mit den Eltern. Es gibt zu Hause immer mal wieder Situationen und Probleme, die die Kinder dann natürlich in den Kita-Alltag mitbringen. Scheue dich als Mutter oder Vater nicht davor, dies mit den Erziehern zu besprechen, um in manchen Fällen Verständnis für dein Kind zu erzeugen, oder aber auch Unterstützung durch die Kita zu bekommen.

Kleine Geschichte zum Thema Miteinander zum Wohl des Kindes

Als mein (Kirsten) älterer Sohn noch nicht einmal sechs Monate in der Kita war, hat er sich während des Spielens draußen die Elle und die Speiche gebrochen. Er wurde von einer Nestschaukel gerammt. Mit zweieinhalb Jahren ist ein Gipsarm nicht so lustig – weder für die Mama noch für das Kind. Für mich war es nicht verwunderlich, dass der Kleine sich nun weigerte, in den Außenbereich der Kita zu gehen: Über seine Wangen liefen immer Kullertränen und er wollte nicht durch die Gartentür gehen. Er hatte eine riesige Angst vor der Nestschaukel. Und natürlich war er noch viel zu klein, um zu verstehen, dass der Garten nicht nur aus einer Nestschaukel besteht, sondern dass es darin noch viele andere Bereiche gibt.

Die ersten beiden Wochen nach den Brüchen musste er zu Hause bleiben. Nachdem er endlich wieder in die Kita durfte, blieb eine Erzieherin mit ihm in den Innenräumen, aber so konnte das ja nicht weitergehen. Mit den Erziehern wollte er auf keinen Fall raus. Also haben wir mit ihm besprochen, dass uns jeden Morgen eine Erzieherin die Gartentür aufschließt und ich mit meinem Sohn zuerst ein Stück in den Garten gehe und wir uns täglich immer etwas näher an die böse Nestschaukel heranwagen. Zuerst klammerte er sich auf meinem Arm immer ängstlich an mich, aber mit jedem Tag wurde es besser und nach etwa zwei bis drei Wochen konnte ich ihn morgens kurz auf die Schaukel setzen und er hat gelacht, während ich ihn anschubste. Als der Sommer kam, hatte er keine Angst mehr und wenn ich ihn heute nach dieser Zeit fragen würde, könnte er sich nicht mehr daran erinnern. Für ihn war die Nestschaukel einfach nur toll. Wir konnten also zu seinem Wohl gemeinsam eine Lösung finden.

Aufmerksamkeit als Weg zum Glück

Kinder brauchen Aufmerksamkeit! Sie wollen gesehen und gehört werden. Bekommen Kinder im Alltag nicht genug Aufmerksamkeit, kann dies dazu führen, dass sie durch schlechtes Verhalten oder durch unerwünschtes Verhalten die elterliche Aufmerksamkeit provozieren. Denn spätestens dann, wenn etwa durch das Fußballspielen im Haus eine Vase zu Bruch geht, folgt eine Reaktion der Eltern. Zwar ist das nicht die vom Kind gewünschte Art der Aufmerksamkeit, aber diese ist besser als nichts. Verabschiede dich also von der weitverbreiteten Haltung, dass nicht meckern schon Lob genug ist und dass es nicht der Rede wert ist, wenn etwas gut läuft. Gib deinem Kind genug Aufmerksamkeit, und zwar auch für gutes Verhalten, da du so zwei Fliegen mit einer Klappe schlagen kannst. Zum einen kannst du durch die positive Reaktion auf das Verhalten deines Kindes dieses Verhalten positiv verstärken, was zur Folge hat, dass dein Kind sich häufiger genau so verhalten wird, wie du es dir wünschst. Zum anderen bekommst du etwas von deinem Kind mit. Was macht dein Kind, was bewegt es, was macht ihm Angst? Nimm Anteil am Leben deines Kindes. Egal, wie alt es ist. Wenn du solche Rituale frühzeitig etabliert hast, sind die Chancen größer, dass du auch noch im Teenageralter deines Kindes erfährst, was in seinem Leben so läuft.

Kinder können nicht warten

Erinnere dich bitte einmal an deine eigene Kindheit. Als du in die Schule kamst: Wie groß empfandest du den Unterschied zwischen dir selbst und einem anderen Kind, das ein Jahr älter oder jünger war als du selbst? Bei mir (Gudrun) waren das Welten! Heute bin ich 64 Jahre alt und zehn Jahre Altersunterschied sind nicht einmal erwähnenswert.

Wie lange kam dir als dreijähriges Kind ein Nachmittag vor, an dem deine Mutter einen Einkaufsbummel in die Damenabteilung des örtlichen Kaufhauses machte, und du sie dabei begleiten musstest? Mir kam so ein langweiliger Nachmittag vor wie Jahre. Ein Nachmittag beim Fröschefangen auf meiner Lieblingswiese, die direkt an einem Bach lag, verflog hingegen und war immer zu kurz.

Mit den Jahren relativiert sich das Zeitempfinden von Menschen– allerdings nie ganz. Forscher haben festgestellt, dass Menschen die Wartezeit an der Kasse des Supermarkts um ein Drittel überschätzen– selbst im Erwachsenenalter noch! Zeitempfinden ist also subjektiv und relativ und je jünger ein Mensch ist, desto weniger Erfahrungen hat er mit dem Einschätzen von Zeit. Ganz kleine Kinder haben überhaupt keine Idee von Zeit – sie setzen Warten immer mit einer Ewigkeit gleich.

Für das Vorgehen von Eltern bedeutet dies, dass du dein Kind nicht warten lassen solltest. Kümmere dich zuerst um dein Kind, dann um die anderen Dinge, die du erledigen möchtest. Zuerst kommt der Mensch, dann die Sache. Vertrösten auf später gelingt bei kleinen

Kindern nicht, da für sie Wartezeiten unendlich erscheinen. Sie fühlen sich zurückgesetzt und beginnen, zu quengeln, was wiederum bei den Eltern zu Stressreaktionen führt.

In solch einer Situation hilft es häufig, das Kind in die eigene Tätigkeit miteinzubeziehen, denn Kinder wollen die Welt verstehen und in die Welt der Erwachsenen hineinwachsen. „Handwerkern" (wie mein kleiner Sohn sagt), putzen, malern, Gemüse schnibbeln, am PC arbeiten, kochen, Gartenarbeit, schreiben, rechnen etc. sind oft attraktiver, als sich mit offiziellem Kinderspielzeug zu beschäftigen.

Wenn es nicht gelingt, dein Kind miteinzubeziehen, dann sorge zuerst dafür, dass es zufrieden und beschäftigt ist und erledige deine Aufgabe erst danach. Du bist erwachsen und kannst Wartezeiten besser einschätzen und ertragen als deine Kleinen.

Und verabschiede dich von dem Sprichwort: Erst die Arbeit dann das Vergnügen, falls dieses in deinem Kopf herumgeistern sollte. Besser ist: Erst gute Laune fördern durch eine Lieblingstätigkeit, dann mit guter Laune Arbeiten erledigen, die vielleicht nicht ganz so attraktiv sind. Das gilt für Erwachsene wie für Kinder!

Gemeinsam Zeit verbringen

Gemeinsam Zeit mit Kindern zu verbringen ist das Einfachste der Welt. Manchmal etwas anstrengend, aber es lohnt sich! Sei es durch Kuscheln, Fußballspielen, Lego bauen, Playmobil spielen, mit Puppen spielen, in der Kinderküche kochen und backen, malen und basteln, im Sandkasten Burgen bauen oder Kuchen backen, Fahrrad fahren, lesen, gemeinsam Aufräumen, schwimmen gehen, gemeinsam zocken, gemeinsam gärtnern, kochen, Buden bauen, Ritter spielen, Frisuren machen, puzzeln, „handwerkern", Spiele spielen etc. Es gibt unendlich viele Möglichkeiten, um gemeinsam Zeit zu verbringen. Für Kinder zählt hierzu auch, gemeinsam das Abendessen zu kochen oder auch die Wohnung aufzuräumen. Es kommt hierbei nur darauf an, wie du dies verkaufst. Es geht darum, etwas zusammen zu machen. Und das klappt auch, wenn du dein

Kind helfen lässt, die Kartoffeln zu schälen. Je nach Alter kann es die Kartoffeln anreichen und die geschälten Kartoffeln in den Topf legen oder auch schon selbst schälen oder klein schneiden. So kann auch schon ein vierjähriges Kind „allein“ eine Linsensuppe kochen. Für kleine Kinder gibt es keine Arbeit, alles bedeutet spielen! Mache deine Arbeit also zu einem gemeinsamen Spiel.

Erlebnisse machen auf Dauer glücklicher als materielle Dinge. Das Aussuchen, die Überraschung vorbereiten etc. all das mag ich (Kirsten) sehr gerne. Nur geht das eben auch mit nichtmateriellen Dingen.

Es gibt sehr viele Belohnungssysteme mit Stempeln, Aufklebern oder ähnlichem. Mittlerweile gibt es sogar Belohnungs-Apps, was ich nicht so schön finde, da die Kinder sich damit nicht selbständig zu einem frei gewählten Zeitpunkt einen Überblick verschaffen können. Mit solch einem System kannst du deinem Kind für erwünschtes Verhalten Feedback geben, es dauerhaft sichtbar machen, indem du zum Beispiel einen Zettel mit Aufklebern am Kühlschrank hängen hast. Und wenn fünf Stempel oder Aufkleber gesammelt sind, kannst du dein Kind belohnen. Womit möchtest du das tun? Mit einem Spielzeug, einer CD, einer Sammelkarte? Das kann sehr schnell ins Geld gehen und die Freude über die Belohnung hält nur kurz, falls es eine Sammelkarte ist, die bereits vorhanden ist. Gemeinsame Zeit und Aufmerksamkeit sind hier die Schlüsselwörter. Also warum nicht als Belohnung für fünf Stempel einen Kuchen gemeinsam backen? Das Ausflugsziel aus drei Vorschlägen der Eltern auswählen. (Drei Vorschläge, damit es kein Dilemma gibt.) Oder warum nicht statt am Wochenende einen Filmabend als Belohnung einen Spieleabend machen. Das Kind darf das Spiel oder die Spiele aussuchen und es gibt Salzstangen, Popcorn oder etwas anderes Besonderes dazu.

Solch eine gemeinsame Zeit, solche Erlebnisse führen zu glücklichen Gefühlen und zu einer wertvollen Bindung zwischen Eltern und Kind.

Qualität statt Quantität

Es gilt auch der Grundsatz, dass mehr nicht unbedingt besser ist. Wenn ich beispielsweise genervt bin und eigentlich keine Lust habe, Zeit mit meiner Familie zu verbringen, dann hat keiner etwas davon, wenn ich mich dazu zwinge. (Sorge in solch einer Situation erst einmal für dich und tanke wieder Kraft, während du die Kinder sicher versorgt hast). Sie spüren das. Wenn ich im Homeoffice arbeiten muss und nicht so viel Zeit mit meinem Kind verbringen kann, wie ich das möchten, ist es besser, kurz, aber intensiv Zeit zusammen zu verbringen. Wenn die Eltern getrennt leben und es einfach nicht möglich ist, so viel Zeit wie gewollt miteinander zu verbringen, gilt dies ebenso. Es gibt viele Gründe, warum Eltern nicht das Maß an Zeit mit ihren Kindern verbringen können, das sie sich wünschen. Verbringe daher die Zeit, die du mit deinem Kind hast, qualitativ hochwertig, also nicht nebeneinander, sondern miteinander. Sprecht miteinander oder macht etwas gemeinsam, anstatt an einem Ort getrennt etwas zu tun. Und wenn du Zeit mit deinem Kind verbringst, dann sei voll und ganz dabei – sei präsent.

Im Hier und Jetzt

Im Hier und Jetzt zu sein bedeutet, dass du voll und ganz den Augenblick an dem Ort, an dem du dich gerade befindest, wahrnimmst. Das klingt recht einfach, doch den meisten Menschen geht doch recht viel im Kopf herum: Die Wäsche muss noch zusammengelegt werden, um 16.30 Uhr das Kind zum Kung-Fu bringen und immer wieder kommt das Handy dazwischen. Häufig ist das der Fluch der modernen Zeit. Ein Handy ist gut, sinnvoll und aus der Welt nicht mehr wegzudenken. Aber es hindert einen auch daran, ungestört im Hier und Jetzt zu sein. Die ständigen Benachrichtigungen von Facebook, WhatsApp, Instagram, die E-Mails, SMS etc. Ach ja, und die Anrufe. Es könnte ja sein, dass jemand etwas von mir will, mir etwas Witziges schreibt oder ich eine Nachricht verpasse. Nur hast du eben auch ein Kind vor dir, das auch etwas von dir möchte: deine ungeteilte Aufmerksamkeit und das zu Recht. Jedes Mal, wenn du das Spiel mit deinem Kind wegen einer Nachricht auf dem Handy unterbrichst, zeigst du deinem Kind damit, dass andere Menschen und deren Bedürfnisse für dich wichtiger sind als dein Kind. Lege also dein Handy an die Seite oder gar in einen anderen Raum. Wenn jemand etwas wirklich Wichtiges von dir möchte, ruft er an. Stelle dein Handy so ein, dass sichergestellt ist, dass du im Notfall erreichbar bist, und sei dann ganz bei deinem Kind! Tauche mit deinem Kind in dessen Spielidee ein und du wirst feststellen, dass es nicht langweilig ist, sondern auch richtig Spaß machen kann. Zwar kann ich mir für mich etwas Unterhaltsameres vorstellen, als auf allen Vieren eine Gazelle zu spielen, die statt durch die Savanne zu streifen durchs Wohnzimmer läuft und von zwei Löwen in die Enge getrieben und gejagt wird, aber es macht Spaß, gemeinsam mit den Jungs zu spielen. Und ihre Begeisterung und Freude sind einfach nur ansteckend! Schaffe gemeinsame Erlebnisse. Schaffe eine Verbindung.

Kleine Geschichte zum Thema gemeinsame Zeit

Bei meinem (Kirstens) Ältestem hatten wir schon länger ein Belohnungssystem für erwünschtes Verhalten eingeführt. Wir hatten vereinbart, dass er ab fünf Stempeln am Wochenende einen Spieleabend nach dem Abendessen machen durfte. Währenddessen gab es Gummibärchen und Salzstangen. Es waren schöne Abende und wir hatten viel Spaß zusammen. Zwar konnte ich keinen Erwachsenenabend genießen und zum Beispiel einen Film ohne Kinder schauen, aber wir hatten Spaß. Mein Ältester konnte schon recht früh lesen und mit Ende sechs hatte er dann die Idee, statt eines Spiele- oder Fernsehabends einen Leseabend mit Mama zu machen. Er weiß, dass ich gerne lese. Ein Leseabend sieht seiner Ansicht nach folgendermaßen aus: Mama und er kuscheln im Bett und jeder kann das lesen, was er möchte. Dabei gibt es Äpfelchen und Gummibärchen oder wahlweise auch Gummifrösche. Wir lieben unsere Leseabende und ich bin der festen Überzeugung, dass er sich auch noch als Erwachsener daran erinnern wird. Und vielleicht wird er diese schöne Tradition ja mit seinen Kindern weiterführen.

Übung: Gemeinsam Zeit im Hier und Jetzt verbringen

Bei dieser Übung kannst du erleben, welchen Unterschied es macht, wenn du dir bewusst Zeit nimmst, um mit deinem Kind zu spielen und dich voll darauf einlässt. Du kannst beobachten, wie sich dein Kind nach dieser bewussten Aufmerksamkeit von dir verhält.

1. Spieldauer: 20 Minuten.
2. Lass dein Kind ein Spiel aussuchen, das ihr gemeinsam macht. Puppen, Autos, Brettspiel, Karten, draußen spielen – es ist völlig egal, was ihr macht.
3. Nimm dir Zeit. Lass dich drauf ein. Leg dein Handy konsequent weg und lass dich überraschen, wie anders diese Spielzeit ist; wie intensiv, schön und verbindend, weil du dich auf den Moment eingelassen hast.
4. Nimm wahr, wie sich dein Kind nach dieser Spielzeit verhält. Sprecht darüber, wie jeder diese gemeinsame Zeit empfunden hat.

Wissen als Weg zum Glück

Lernen und der Wunsch nach Wissen sind etwas absolut Natürliches! Für Babys ist das selbstverständlich. Für Kinder ist es das Normalste der Welt, etwas Neues zu Lernen; wissen zu wollen, wie etwas funktioniert, wo es herkommt, was sie damit machen können. Freude und Begeisterung begleiten den Wissenserwerb und können von den Eltern unterstützt werden. Beantworte die unzähligen Fragen deiner Kinder. Schaue mit ihnen Bücher an. Lies ihnen vor. Bücher kannst du (gebraucht) kaufen, tauschen oder ausleihen. So ergibt sich ein unglaublich großes Angebot an Büchern – unabhängig von den finanziellen Mitteln, die deiner Familie und dir zur Verfügung stehen. Wenn du etwas nicht weißt, dann gib es zu. Heute gibt es keine Universalgelehrten mehr – hierfür ist das Wissen viel zu umfangreich. In dieser Hinsicht hat Goethe den Schlusspunkt gesetzt. Steh also dazu und schaue mit deinen Kindern nach. Findet die Antwort gemeinsam. Auch das ist ein wichtiger Bestandteil des Lebens. „Wissen heißt wissen, wo es geschrieben steht“, hat Albert Einstein gesagt. Recht hatte er. Bildung ist ein Faktor, der unter anderem die Gesundheit und Berufswahl beeinflusst und somit zwei wichtige Lebensbereiche berührt. Daher macht es Sinn, wenn du deine Kinder dabei unterstützt, Wissen zu erwerben und ihre Begeisterung fürs Lernen aufrechtzuerhalten.

Das bedeutet nicht, dass du all das selbst tun musst, denn es gibt genügend interessante Themen und wie gesagt: Wir sind keine Universalgelehrten, nur, weil wir Eltern sind. Aber sicherlich hast du eine Idee, wie dein Kind sein Wissen zu bestimmten Themen erweitern kann. Vielleicht kennst du jemanden, der sich mit Tieren auskennt. Mein Bruder hat ein Teleskop und so kam es dazu, dass meine Kinder und ich (Kirsten) die ISS, den Mars und den Saturn selbst und in echt sehen konnten – was ein wirklich unglaublich faszinierendes Erlebnis war. (Lieben Dank an meinen Bruder, der Blick mit ihm in die Sterne war ein wunderbares Erlebnis für uns alle.) Vielleicht kennst du auch jemanden, der Schach spielen kann. (Ich musste meinem Sohn das Schachspielen beibringen, als er fünf Jahre alt war. Dabei hatte ich keinerlei Ahnung und auch leider kein Talent. Aber er wollte es unbedingt können. Deshalb habe ich mir zwei verschiedene Kinderschachbücher besorgt und er durfte wählen, welches ihm gut gefällt. Anschließend haben wir es durchgearbeitet und mit jeder Seite stellte sich mehr und mehr heraus, dass ich nahezu talentfrei bin, was Schach angeht. Was er eben mal so sieht und umsetzen kann, musste ich mir Schritt für Schritt erarbeiten. Noch bevor wir die Lektüre des Buchs beendet hatten, lud ich ihm eine Kinder-Schach-App herunter und er bekam einen Kinderschachcomputer, da er mich innerhalb kürzester Zeit vernichtend schlagen würde, was er ja nicht direkt merken muss. Meine Talente liegen eben woanders.

Es ist also nicht das Wissen, das du brauchst, um deine Kinder dabei zu unterstützen, Neues zu lernen. Du brauchst nur den Wunsch und den Willen, sie dabei zu fördern und dann bekommst du das auch organisiert.

Kleine Geschichte zum Thema Fernsehen

Mein (Kirstens) Kleiner darf mit seinen vier Jahren auch schon fernsehen. Da ich das Kinderprogramm im TV nicht sonderlich gut finde und nicht darauf angewiesen sein möchte, meine Jungs das schauen zu lassen, was gerade läuft, wenn sie fernsehen dürfen, war für mich früh klar, dass ich Fernsehen auf Abruf oder in Form von DVDs zur Verfügung stellen würde. Während des zweiten Corona-Lockdowns haben er und sein Bruder ihre Vorliebe für zwei ältere Zeichentrickserien entdeckt: eine über den Körper und eine über Amerika. In dieser Zeit haben sie – wie vermutlich die meisten Kinder – mehr fernsehen dürfen, als Eltern es je für möglich gehalten hätten. Sie hatten ihre absoluten Lieblingsfolgen und das führte dazu, dass mir der Kleine mit grade einmal vier Jahren erklärte, wie Krankmacher eine Leberentzündung hervorrufen, indem sie sich an die Ribosomen im Zellkern anschleichen, die Aminosäurerudel (Boten-RNA) zerschneiden, um sich selbst einzubauen, um sich somit zu vermehren. Er spielt liebend gerne Mitose (Zellteilung bzw. Verdopplung) und seine Lieblingsfolge ist jene über die Gelbsucht mit den Interferonen als Superhelden, um wieder gesund zu werden. Zudem liebt er Afrikatierfilme und spielt sie auch nach. Daher mussten wir uns Gnus, Kaffernbüffel, Krokodile, Löwen, Elefanten und Nashörner mit Madenhackern zulegen, da wirklich alles nachgespielt wird. Und wehe, ich nenne Säbelzahntiger „Smilodon" (das lateinische Wort für Säbelzahntiger), dann werde ich schon vorher gewarnt: Mama, das sind keine Smilodon, sondern Säbelzahntiger. Er mag den Begriff Säbelzahntiger nämlich viel lieber und es ist ihm auch egal, dass meine Version das Gleiche bedeutet, aber eben auf Latein. Natürlich dürfen die Jungs auch Tom und Jerry schauen. Sie entscheiden, was sie schauen wollen. Aber aus einem Angebot, das ich ausgesucht habe, und nicht irgendein Programmgestalter. So vermeide ich auch die Werbedauerberieselung. Ich liebe den Spruch: „Mama, ist das Werbung?"

Fazit: Behalte die Kontrolle über das, was du deinen Kindern zeigen möchtest, überlass das nicht irgendwelchen Fernsehsendern. Und: Fernsehen bildet doch!

Interesse an Buchstaben und Co.

Was tun, wenn Kinder schon lange vor Schulbeginn Interesse an Zahlen und Buchstaben haben? Häufig wird gesagt, dass Eltern ihre Kinder nicht dabei unterstützen sollen, wenn sie schon früh Interesse daran zeigen. Sie würden sich sonst in der Schule langweilen. Derartige oder ähnliche Aussagen bekommen Eltern oft zu hören. Ein Austausch zu diesem Thema ist nicht so leicht, da Eltern teilweise auch komisch angesehen werden, wenn sie von solchen Situationen erzählen. Eltern, die ihre Kinder dazu zwingen, schon vor der Schule das Lesen, Schreiben und Rechnen zu lernen, gibt es sicher auch; aber ich (Kirsten) möchte an dieser Stelle diejenigen Eltern an meinen Gedanken teilhaben lassen, deren Kinder von sich aus Buchstaben und Zahlen lernen möchten.

Von sich aus etwas lernen zu wollen ist doch die schönste Art zu lernen, denn sie beruht auf der ureigenen intrinsischen Motivation. Nichts wird von außen herangetragen. Der Wunsch und das Bedürfnis, etwas lernen zu wollen, kommen aus dem Inneren. Nur weil diese innere Motivation zu früh da ist, sollte eine Förderung nicht unterlassen werden. Einem musisch talentierten Kind wird ja auch nicht der Musikunterricht verweigert, weil es noch zu früh ist. Ein Vierjähriger wird auch nicht vom Fußballspielen abgehalten, nur weil er schon spielen will, seit er zwei Jahre alt ist, und einfach gerne und gut mit dem Ball am Fuß umgehen kann. In diesen Fällen haben Kinder meist mehr Glück und werden angemessen gefördert (beispielsweise Mozart, Messi und Co).

Nur warum ist das beim Lesen, Rechnen und Schreiben etwas anderes? Für mich hat dieser Umstand etwas mit einer Art Elitedenken zu tun. Das Kind könnte etwas Besseres sein, wenn es früher anfängt, zu lernen, und das darf nicht sein. Alle sollen gleich sein – sind sie aber nicht. Jeder, der mehr als ein Kind hat, weiß, dass sie alle unterschiedlich sind. Sie sind Menschen mit unterschiedlichen Interessen und Begabungen. Warum sollten Eltern dann nicht individuell auf sie eingehen? Dadurch schätzen und respektieren Eltern ihre Kinder und deren Fähigkeiten.

Oft schwingt bei der Einstellung, Kinder nicht zu früh beim Lesen, Schreiben und Rechnen zu fördern, eine meiner Ansicht nach unbegründete Angst vor späterer Langeweile und daraus resultierenden Schulproblemen mit.

Für Kinder, die Unterstützungsbedarf haben, gibt es zahlreiche Angebote wie etwa Ergotherapie oder Integrationsfachkräfte in der Kita und Schule. Das ist auch sehr gut so! Es ist wichtig, Kindern Chancen zu eröffnen und ihnen durch Unterstützung bessere Möglichkeiten zu bieten, sie dort abzuholen, wo sie sind, und sie zu stärken und zu unterstützen. Solange ein Kind zum Durchschnitt zählt oder Förderbedarf herrscht, ist dies bei der Mehrheit anerkannt, es wird akzeptiert. Doch sobald ein kleines

Kind in Bereichen, die später in der Schule unterrichtet werden sollen, früh Interesse oder eine Begabung zeigt, wird es schwierig.

Gibt es in der Kita eine Förderung für Kinder, die sich schon mit Zahlen und Buchstaben beschäftigen wollen? Und zwar nicht nur in Form eines nettes Ausmalbildes, sondern eine Förderung mit der gleichen Intensität wie im Unterstützungsbereich? Oft kommt dann nur eine Aussage wie: „Das kommt erst in der Schule dran. Das musst du noch nicht machen!" Aber die Kinder wollen es!

Also stehen Eltern vor folgender Frage: Sollen sie nichts tun und versuchen, das Interesse des Kindes auf später zu verschieben oder sollen sie sich mit dem Kind hinsetzen, schauen, wo seine Interessen liegen und je nach Alter und Interesse des Kindes entsprechendes Material organisieren? Mit etwas Glück erhalten Eltern auch Unterstützung in der Kita. Wenn die Eltern nicht gerade Lehrer sind, ist das eine Herausforderung. Das weiß ich aus eigener Erfahrung.

Aber warum solltest du mit einem zweijährigen Kind nicht jeden Sprung auf dem Trampolin bis zehn zählen und dann wieder von vorne beginnen, wenn es Spaß daran hat? Du gehst mit ihm ja auch Blättersammeln oder malst Bilder mit ihm. Es ist deine Aufgabe, dir dein Kind anzusehen, entsprechendes Material oder entsprechende Erfahrungen anzubieten und zu schauen, was passiert. Wenn dein Kind mehr davon möchte, bitte. Es gibt viele unterschiedliche gehirngerechte Materialien, von denen ein Kind profitieren kann. Solange ein Kind freiwillig und spielend etwas lernen kann, was es später sowieso lernen muss, dann kann es das auch zu einem früheren Zeitpunkt tun – und zwar dann, wenn es dafür bereit ist. Kinder interessieren sich für etwas, wenn sie dafür bereit sind. Wenn sie noch nicht so weit sind, machen sie das schon deutlich.

Auf die Interessen der Kinder einzugehen, kann schon einmal dazu führen, dass du mit einem Sechsjährigen eine einstündige Diskussion führst, in der es um den Unterschied zwischen Demokratie und Diktatur, Kim Jong-un, Hitler und Stalin, Weltkriege und das Privileg von Frieden geht und dabei jeder Versuch deinerseits, ein Ende zu finden, gründlich sabotiert wird. Schließlich gibt es immer neue spannende Fragen. Wähle Worte, die dem Verständnis des Kindes angepasst sind, und habt zusammen Spaß. Wissensdurst und Fragen sind etwas Wunderbares – unterstütze dein Kind dabei. Hab keine Angst davor, eigenes Unwissen zu zeigen! Ein souveränes: „Das weiß ich jetzt auch nicht. Komm, wir schauen zusammen nach", bringt deinem Kind etwas Wertvolles bei: Ich muss nicht immer alles wissen. Ich kann mich auch schlau machen.

Nutze deine Talente, sie sind dein Geschenk an die Welt.
unbekannt

Kleine Geschichte zum Thema Sprachen lernen

Als mein Älterer (Kirsten) vier Jahre alt war, stand meine alte Lateingrammatik im Kinderzimmer, da mein Sohn wissen wollte, wie die Dinge seiner Playmobil Römer heißen. Ich hatte den „Fehler" begangen, den Speer eines Römers als „Pilum" zu bezeichnen, weil das noch mein Restwissen des großen Latinums und auch das Ergebnis meines früheren Asterix-Konsums war. Also wollte mein Sohn wissen, wie andere Dinge seiner Römer heißen. Ehrlich gesagt habe ich keinen Grund gesehen, ihm die Antworten darauf zu verweigern, was mich selbst manchmal ganz schön ins Schwitzen gebracht hat. Seither tragen seine Römer Gladii statt Schwertern, Kaliga statt Stiefeln und sie sagen Sprüche wie „Fiat lux!" (es werde Licht!). Zum Baden gehen sie in die Therme. Asterix bildet also doch. So etwas passiert bestimmt auch Vätern, die sich mit Autos auskennen und mit ihren Kindern mit Spielzeugautos spielen. Sie verwenden Fachbegriffe und dergleichen, die die Kinder dann wie selbstverständlich aufnehmen. Lernen ist ein natürlicher Zustand und es ist völlig o.k., wenn es Kindern ermöglicht wird, in leichter, spaßiger Atmosphäre spielend etwas zu lernen.

Gemeinsam forschen

Entdecke die Welt doch einmal gemeinsam mit deinen Kindern. Forschen beginnt zunächst im Kleinen. Beobachtet im Winter die Vögel draußen. Vielleicht hast du ja auch etwas Vogelfutter zum Anlocken verteilt. Beobachtet den Käfer im Gras oder schneidet ein Gänseblümchen in zwei Teile, um zu schauen, was sich in dem gelben Kopf befindet. Pflanzt selbst Blumen oder Kräuter und beobachtet, was passiert. Was brauchen die Pflanzen, um zu wachsen? Gibt es Unterschiede? Was passiert mit Wasser, wenn ich es im Winter in einer Schale nach draußen stelle? Es gibt in der Welt unglaublich viel zu entdecken. Lass zu, dass deine Kinder dies auch tun können. Beispielsweise im Internet gibt es fantastische Experimente für kleine Forscher für wirklich jedes Alter. Für die ganz Kleinen kannst du Eier in einem Glas schweben lassen, für die etwas Älteren einen Regenbogen in einem Glas zaubern und für Schulkinder kannst du mit Backpulver einen Vulkan ausbrechen lassen. In unserer Kitazeitschrift gibt es eine Sparte in der ich (Kirsten) für jede Ausgabe Experimente für Kinder herausgesucht und gezeigt habe, wie diese funktionieren. Einmal haben wir sogar Vitamine sichtbar gemacht! Die Kinder lieben diese Experimente! Und du wirst sicher auch Spaß daran haben. Im Anhang des Buchs findest du einige Anleitungen für kleine und große Forscher.

Selbstwirksamkeit als Weg zum Glück

Unter Selbstwirksamkeit versteht man, dass jemand weiß, dass er etwas bewirken kann. Das ist eng verbunden mit dem gebräuchlicheren Begriff Selbstvertrauen. Selbstvertrauen ist das Vertrauen in sich selbst und in seine eigenen Fähigkeiten und Möglichkeiten. Ich vertraue mir selbst. Um es mit den Worten meines kleinen Sohnes kurz vor seinem vierten Geburtstag zu sagen: „Mama, ich weiß schon, was ich tue!"

Warum ist Selbstvertrauen so wichtig?
Wer Selbstvertrauen hat, traut sich selbst etwas zu; wie etwa ein Bild zu malen, Fahrradfahren zu lernen, sich selbst das Butterbrot beim Abendessen zu streichen, etwas zu lernen, die Schule zu schaffen, Freunde zu finden, Tore beim Fußball zu schießen, das Hindernis beim Reiten zu überspringen, die Klassenarbeit zu meistern oder einen bestimmten Schulabschluss zu erreichen. Wer sich etwas traut, kann Erfahrungen machen, aus denen er wiederum lernt, und dann Erfolge erlebt.

Was stärkt das Selbstvertrauen der Kinder?

Das Selbstvertrauen wächst mit positiven, erfolgreichen Erfahrungen, die in Eigenregie erreicht worden sind. Das ist unabhängig davon, ob es sich um Erwachsene handelt oder um Kinder. Jeder Mensch fühlt sich besser, wenn sein Handeln erwünschte Folgen hat. Um das Selbstvertrauen zu stärken, kommt es also darauf an, Selbstwirksamkeit und Erfolge zu erleben.

Dieses Wissen um die eigene Selbstwirksamkeit ist unglaublich wertvoll und der Erfolg beruht auf den eigenen Handlungen. Der Turm steht nur, weil das Kind ihn gebaut hat. Der Sandkasten steht, weil du ihn gebaut hast. Nun kennst du die Strategie, das Vorgehen, das zu diesem Erfolg geführt hat. Du kannst diesen Erfolg nun wiederholen. Ein Kind kennt seine Fähigkeiten und Stärken und kann sie einsetzen. Gib deinem Kind also die Chance, etwas selbst zu tun.

Durch das Gefühl, selbst etwas getan zu haben, das auch noch erfolgreich war, wächst sein Selbstvertrauen.

Kleine Geschichte über Suppe kochen

Als mein (Kirstens) Großer etwas älter als ein Jahr alt war, wollte er mir beim Kochen helfen. Das fand ich sehr praktisch, da ich so mehrere Sachen gleichzeitig erledigen konnte. Zum einen zu kochen, mich außerdem mit ihm zu beschäftigen und ihm praktische Dinge zum Thema Essen beizubringen. Außerdem schmeckte ihm sein selbst gekochtes Essen natürlich viel besser als meins. Also fing ich damit an, dass er mir die Kartoffeln für sie Suppe anreichen und sie nach dem Schälen in einen Topf legen durfte. Anfangs warf er sie noch mit viel Liebe hinein, da das Wasser dann immer so schön spritzte. Als er dann aber einmal selbst richtig nass geworden war, hörte er damit auf und die Kartoffeln landeten vorsichtig im Topf. Anschließend kamen Aufgaben wie Brühwürfel hinzuzufügen dazu oder das Gemüse hinzuzugeben und umzurühren. Mit dreieinhalb Jahren bekam er ein Kindermesser, mit dem er die Kartoffeln kleinschneiden konnte. Und mit knapp vier hatte er einen eigenen Kartoffelschäler. So konnte er jeden Schritt, der für die Suppe notwendig war, selbst machen. Daraufhin erzählte er jedem stolz, dass er schon selbst Suppe kochen konnte. Auch heute ist diese Suppe noch eines seiner Lieblingsgerichte.

Eigene Aufgaben

Eigene Aufgaben sind etwas Schönes für Kinder. Sie erleben in solchen Momenten, dass sie etwas können, dass Eltern ihnen etwas zutrauen und ihnen Vertrauen entgegenbringen; ab einem gewissen Alter aber auch, dass es dazugehört, selbst Verantwortung zu übernehmen. Das kann schon bei kleinen Dingen anfangen wie beispielsweise die eigene Brotdose aus der Kitatasche in die Küche auf den Tisch zu legen. So werden kleine Aufgaben zu Routinen; oder Kinder bekommen eine bestimmte Pflanze, um die sie sich kümmern können – am Anfang natürlich mit der Hilfe der Eltern.

Besonders schön ist es, wenn ein Kind im Garten ein kleines Beet für sich hat, für das es entscheiden kann, was angepflanzt werden soll. Das ist eine tolle Möglichkeit, um Kindern eigene Aufgaben zu geben, bei denen sie lernen, Verantwortung zu tragen. So ergeben sich für Eltern und Kinder besondere Zeiten, die sie miteinander verbringen können. Eltern können ihren Kindern den richtigen Umgang mit der Aufgabe (sei es nun mit Pflanzen, Wäsche oder Geschirr) vorleben und die Kinder können den Erfolg ihrer Bemühungen sehen – und manchmal auch schmecken. Diese Mischung aus verantwortlich für etwas zu sein und die Erkenntnis, selbst etwas erreichen zu können, sorgt bei Kindern für Selbstvertrauen und Stolz auf die eigene Leistung. Außerdem werden die Kinder älter und den Spruch: „Das kann ich schon selber!" kennst du sicher auch.

Übung: Selbstwirksamkeit erleben

Gib deinem Kind Gelegenheiten, Selbstwirksamkeit und Selbstvertrauen zu erleben.

1. Frag dein Kind, was es gerne einmal ausprobieren möchte, und welche Aufgabe es übernehmen möchte. Überlegt gemeinsam, ob das grundsätzlich möglich ist. Ein Dreijähriger wird nicht selbst Auto fahren können. Allerdings kann dein Kind dir beim Wäschewegräumen oder mit seinem Kinderwischer beim Wischen helfen. Vielleicht möchte dein Kind auch einmal selbst einen Kuchen backen? (Es kommt nicht auf Perfektion und gutes Aussehen an, nur schmecken soll er!)
2. Besprich mit deinem Kind, was notwendig ist, um diese Aufgabe zu erfüllen.
3. Manchmal ist es notwendig, die Abläufe durchzusprechen oder ein wenig zu üben.
4. Wenn ihr entschieden habt, lass deinem Kind freie Hand so gut es geht. Sobald dein Kind merkt, dass es etwas selbst geschafft hat, wird es sich darüber bewusst, dass es etwas bewirken kann. Und diese Erkenntnis ist sehr wertvoll und stärkt das Selbstvertrauen deines Kindes.

Was hat all das nun mit NLP zu tun? Menschen lernen über Erfahrungen. Haben sie mehrfach die Erfahrung gemacht, dass sie etwas bewirken können, so generalisieren sie diese Erfahrung und gehen davon aus, dass sie Aufgaben immer – also auch in Zukunft – erfolgreich bewältigen können. Mit dieser Einstellung sind Erfolge vorprogrammiert.

Erfolge feiern

Ganz einfach gesagt, ist Erfolg das positive Ergebnis von Bemühungen.

Mit etwas mehr Herz und Seele gesagt, ist Erfolg das positive Ergebnis der eigenen Bemühungen, von Durchhaltevermögen und eingesetztem Herzblut, das Erreichen eines Ziels, die Erfüllung eines Traums. Es gibt große und kleine Erfolge, wobei die Bewertung von Erfolg individuell ist. Jeder bewertet etwas anderes in seinem Leben als Erfolg. Daher ist es wichtig, einerseits die Einordnung des anderen zu respektieren, andererseits aber auch eine realistische Einschätzung vorzunehmen. Dies ist auch die Aufgabe von Eltern. Hilf deinem Kind dabei, seine Erfolge richtig einzuordnen und denk auch an das Feiern! Jeder Erfolg sollte gebührend gefeiert werden. Das ist wie bei einem Projekt: Es wird geplant, durchgeführt, abgeschlossen und zum Abschluss des Projekts steht ein Ritual an. Das kann eine Feier sein, ein besonderes Geschenk oder ein Eis – je nach Situation und Projekt. Wenn du also mit deinen Kindern im Frühjahr einen Nachmittag mit Gartenarbeit verbracht hast und dann am Ende der Arbeit alle Pflanzen gepflanzt sind, ist das ein Erfolg, der auch gefeiert werden kann. Bei uns ist in solch einem Fall ein Eis immer eine gute Wahl.

Kleine Geschichte zur Bewertung von Erfolg

Für meine (Kirstens) Diplomarbeit habe ich sehr fleißig gearbeitet und hatte daher hohe Erwartungen an das Ergebnis. Durch die Rückmeldung von klugen Praktikern wurden diese noch verstärkt. („Kann ich das für die Arbeit bei uns nutzen? Ich habe das noch nie so gut zusammengetragen gesehen.“) Der Abgabetermin rückte näher und dann begann das Warten. Nach einiger Zeit wurde ich dann angerufen und bekam meine Note für die Diplomarbeit mitgeteilt. Kaum hatte ich aufgelegt, fing ich bitterlich an zu weinen und meine Mutter und eine andere Person waren zufällig da. Die andere Person dachte, dass ich mein Studium nicht bestanden hätte, da ich so geschluchzt habe. Meine Mutter kannte mich da besser. Natürlich hatte ich mein Studium erfolgreich abgeschlossen. Ich war so traurig, da mein Erstkorrektor mir eine schlechtere Note gegeben hatte als mein Zweitkorrektor, obwohl ich diesen immer als strenger empfunden hatte. Somit war meine Gesamtnote schlechter als erwartet. Und das fand ich ganz und gar nicht gut.

Übung: Erfolge sammeln und feiern

Oft sind Menschen die eigenen Erfolge gar nicht wirklich bewusst. Die Bilder zu Erfolgen, die man bereits hatte, gehen aus dem Blickfeld verloren. Daher ist es zwischendurch auch wichtig, sich diese wieder zu vergegenwärtigen.

1. Sammele deine Erfolge – die großen und die kleinen. Schreibe sie auf, male ein Bild davon oder suche Fotos raus.
2. Erinnere dich daran, wie sich der jeweilige Erfolg angefühlt hat. Vielleicht schreibst du auch jeden einzelnen Erfolg auf einen Zettel und sammelst die Zettel in einem Karton.
3. Freu dich und feiere! Einfach nur so, weil du schon so viele Erfolge hattest.

Diese Übung kannst du in deiner Familie zu einem Ritual werden lassen, indem ihr euch regelmäßig zusammensetzt und Erfolge sammelt und feiert.

Die beschriebene Übung hat weitreichende Folgen. Unser Gehirn ist von Natur aus eher darauf geeicht, vor Gefahren zu warnen, weil Erfahrungen, die mit starken Emotionen gekoppelt sind, besser erinnert werden. Deshalb erinnern wir uns etwa an ängstigende, ärgerliche oder traurige Situationen gut.

Wenn wir uns angewöhnen, Erfolge zu feiern, uns von ganzem Herzen darüber zu freuen, und zwar so sehr, dass die Freude als starke Emotion erinnert wird, werden wir langfristig zu optimistischen Menschen, die nicht nur Probleme, sondern auch Lösungen gut erinnern. Aus diesen Erinnerungen generieren Kinder die Erwartung, dass sie erfolgreich sein werden, auch wenn es mal schwierige Zeiten gibt. Eine kleine Belohnung, beispielsweise mit einem Eis, ist dabei nicht der entscheidende Faktor, sondern die Tatsache, dass das Eis vielleicht meine Freude, meinen inneren Glückszustand noch weiter verstärken kann.

Lernen als Weg zum Glück

Unter Lernen versteht man in der Psychologie jede Veränderung von Verhalten und Empfinden. Du hast also nicht nur gelernt, wenn du Wissen erworben hast oder eine neue Handlung ausführen kannst; du hast auch gelernt, wenn du einen neuen Gedanken nutzt, oder dich bei einer Erinnerung oder einem Plan anders fühlst als bisher.

Als ich (Gudrun) ein Kind war, war der Spruch: „Was Hänschen nicht lernt, lernt Hans nimmermehr" weit verbreitet. Das sollte bedeuten, dass nur Kinder und junge Menschen lernfähig sind – Erwachsene hingegen könnten nur von den Dingen profitieren, die sie in ihrer Jugend gelernt haben. Inzwischen wissen wir, dass das vollkommener Unsinn ist. Unser Gehirn ist plastisch und passt sich in jedem Alter der Nutzung an. Häufig genutzte Bereiche vergrößern sich, wenig genutzte Bereiche verkümmern. Zum Beispiel hatten Taxifahrer vor der Zeit des Navigationsgeräts ein deutlich vergrößertes Hirnareal für die räumliche Orientierung. Das Navi hat diesen Bereich wieder schrumpfen lassen. Dieses Phänomen wird digitale Demenz genannt. Nervenzellen und Nervenverbindungen, die nicht genutzt werden, werden abgebaut.

Jüngere Menschen, die mit Handys großgeworden sind, haben im Gehirn vergrößerte Bereiche für die Bewegung beider Daumen – das kommt vom Nachrichtentippen auf dem kleinen Gerät. Die meisten älteren Menschen, die das Handy erst später im Leben kennengelernt haben und nicht ständig nutzen, tippen mit einer Hand – meist mit dem Zeigefinger. Deren motorische Rinde (der Hirnbereich, der Bewegungen verarbeitet) sieht völlig anders aus. Natürlich könnten diese Menschen auch lernen, mit beiden Daumen zu tippen, meist sind sie aber zu bequem dazu, denn die gewohnte Methode funktioniert ja auch einigermaßen.

Das Gehirn kann durch eine veränderte Nutzung also jederzeit in eine gewünschte Richtung verändert werden. Der Veränderungsprozess erfolgt durch eine einfache, seit langem bekannte Eigenschaft des Gehirns, das nach dem Forscher Donald O. Hebb als Hebb'sche Regel bezeichnet wird. Diese besagt, dass gemeinsam feuernde Zellen Verbindungen ausbilden.

Die Regel erklärt auch, wie heilsame Veränderungsprozesse funktionieren, in denen Personen in einem ruhigen, kraftvollen Zustand an ein Problem denken. Auf einmal können sie Lösungen entwickeln. Hier werden gleichzeitig andere Neuronen aktiv als in einem Problemzustand. Durch die neue Verknüpfung von bisher Problem auslösenden Bildern mit zum Beispiel entspannten Körpergefühlen werden neue Bahnen gebildet. Häufig genutzte Bahnen werden zu Datenautobahnen und erhöhen die Wahrscheinlichkeit, dass sie auch in bisher Stress auslösenden Situationen genutzt werden. Das geschieht übrigens auch schon, wenn du nur mit allen Sinnesempfindungen gelassen an ein Problem denkst und beispielsweise eine Zeitreise machst, in der du deine Zukunft mit veränderten Empfindungen erlebst.

Der optimale Lernzustand

Unser Gehirn speichert Informationen immer dann am besten ab, wenn wir uns in einem gleichzeitig aufmerksamen und entspannten Zustand befinden. Stress und Angst wirken sich negativ auf unsere Merkfähigkeit aus, weil Stresshormone einerseits den Körper für Flucht und Angriff stärken, andererseits aber auch Denkblockaden auslösen.

Deshalb macht es keinen Sinn, Lernen und Aufmerksamkeit erzwingen zu wollen und Druck zu machen. Immer dann, wenn ein Mensch unter Druck lernt, wird die jeweilige Information mit dem falschen Ort im Gehirn verbunden. Diese Information ist dann an Fluchtimpulse gekoppelt. Wenn eine körperliche Flucht nicht möglich ist, vermeidet der Mensch schon den Gedanken an den betreffenden Inhalt, damit er seine Angstreaktion nicht spüren muss. Damit ist ein Zugriff auf das Wissen unmöglich, weil es zusammen mit dem Stressempfinden verdrängt wird.

Wenn du dir selbst und damit auch deinen Kindern etwas Gutes tun möchten, dann löse zunächst deine eigenen Stressreaktionen zum Thema Lernen auf – du bist genauso in der Lage, dazuzulernen, wie deine Kinder! Diese Erkenntnis ist wichtig, weil deine Kinder geistig und gefühlsmäßig mit dir verbunden sind und das, was du denkst und fühlst, übernehmen. Dieses Phänomen wird Lernen am Modell genannt. Gedanken und Emotionen werden übertragen, auch wenn du das nicht möchtest – denk nur an die Nachhilfeschüler aus dem Experiment, die genau gespürt haben, was der Nachhilfelehrer von ihnen hielt und welchen Stress der Nachhilfelehrer hatte, wenn er eine unangenehme Stunde erwartete.

Wichtig für dein Kind ist: Verbinde Lernen niemals mit Druck und Stress, das kann nicht funktionieren. Wenn du möchtest, dass dein Kind Spaß und Erfolg beim Lernen hat und auf diese Weise auch gesund bleibt, dann gehe das Thema gelassen und mit guter Laune an, unterstütze dein Kind, wenn es Hilfe anfordert, und lass es sonst mit Freude experimentieren und eigene Erfahrungen machen.

Lernen mit allen Sinnen

Von dem was wir lernen, behalten wir abhängig davon, mit welchen Sinnen wir gelernt haben, unterschiedlich viel. Und auch hierbei zeigt sich, dass das, was wir selbst tun, und das, was wir Kinder selbst tun und erfahren lassen, am wirkungsvollsten gelernt wird.

Wie du anhand der folgenden Übersicht sehen kannst, erzielt jemand der etwas mit möglichst vielen Sinnen lernt, bessere Lernerfolge als jemand, der etwas nur liest oder hört. Es läuft also immer wieder auf das Gleiche hinaus: Wer selbst etwas tut, lernt am besten. Wer selbst etwas tut, stärkt sein Selbstvertrauen. Das Wort „begreifen“ erhält hier eine völlig neue Bedeutung.

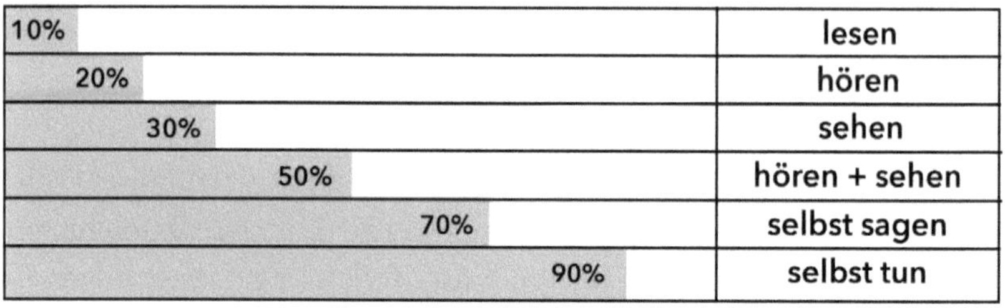

Schaffe dir und deinen Kindern Gelegenheiten, bei denen ihr ausprobieren und experimentieren könnt. Sprecht gemeinsam darüber, was ihr zusammen getan habt.

Kleine Geschichte zum Thema Lernen

Hierzu fällt mir (Gudrun) ein, wie ich meinen Kindern, als sie noch ganz klein waren, beigebracht habe, welche Pflanzen essbar und welche giftig sind. In einem Garten wachsen jede Menge Giftpflanzen. Hier hat das Erleben mit allen Sinnen seine Grenzen: Sehen, Hören, Riechen, Fühlen (mit anschließendem Händewaschen) sind noch möglich – beim Schmecken endet das Erproben jedoch, da es gefährlich wird.

Viele Eltern entscheiden sich dafür, Giftpflanzen aus dem Garten zu verbannen. Das halte ich für eine trügerische Sicherheit, denn die meisten Menschen sind sich gar nicht im Klaren darüber, welche Pflanzen alle giftig sind. Sie kennen nur ein paar Giftpflanzen wie Maiglöckchen und Goldregen. Der Hahnenfuß, der in jeder Wiese wächst, ist zum Beispiel ebenfalls giftig – ihn können sie gewiss nicht zuverlässig und dauerhaft entfernen.

Gänseblümchen, Löwenzahn, Veilchen, Wiesenschaumkraut, Stiefmütterchen, Taubnesseln, Brennnesseln, Sauerampfer, Spitzwegerich etc. hingegen können als Salat oder Gemüse verzehrt werden.

Hinzu kommt, dass du keinen Einfluss auf den Nachbarsgarten und die Natur jenseits des Gartenzauns hast. Dein Kind ist also keineswegs sicher, wenn du alle Giftpflanzen in deinem Garten entfernst – was dir vermutlich sowieso nicht gelingen wird.

Das Thema was das Kind in den Mund stecken darf und was giftig ist, (das Kind könnte davon sehr krank werden oder sogar sterben) ist also ein prima Lernfeld für Groß und Klein.

Ich entschied mich dafür, im Garten auch alle möglichen Giftpflanzen wachsen zu lassen und meinen Kindern lieber zu zeigen, welche Pflanzen sie essen dürfen und welche nicht. Nachbarn, die mit Entsetzen feststellten, dass Maiglöckchen in meinem Garten wuchsen, teilte ich mit, dass diese jenseits des Zauns im Wald sowieso wachsen und sie ihren Kindern beibringen könnten – genauso wie ich es mit meinen Kindern tat –, dass sie diese Pflanzen am besten nur ansehen sollten. Eine Alternative dazu wäre, auf ihre Kinder aufzupassen, damit ihnen nichts geschieht.

Mit meinen eigenen Kindern gestaltete ich den Unterricht zum Thema Pflanzenkunde folgendermaßen: Ich zeigte ihnen zunächst, welche Pflanzen essbar sind. Wir bereiteten damit anschließend Salat und Gemüsegerichte zu oder knabberten im Garten daran herum. Giftpflanzen sahen wir uns genau an und wenn wir sie angefasst hatten, wuschen wir uns danach gründlich die Hände, damit nichts davon aus Versehen in den Mund gelangen konnte.

Da jedes Kind schon einmal Bauchweh hatte und krank war, konnte ich erklären, was passiert, wenn sie diese Pflanzen essen. Zum Thema Sterben beerdigten wir jedes tote Tier, das wir finden konnten, nach einer angemessenen Aufbahrungszeit. Das taten wir, damit klar war, dass das Tier nicht wieder zum Leben erwacht, sondern dass der Tod das Leben endgültig beendet. So war meinen Kindern auch einigermaßen klar, was der Tod bedeutet.

Da meine Tochter drei Jahre jünger ist als ihr Bruder, wuchs sie einfach mit hinein, nachdem sie die Phase, in der Babys alles in den Mund stecken, hinter sich hatte. Im ersten und zweiten Lebensjahr hilft es natürlich nur, Kinder so zu behüten, dass überhaupt keine Pflanze in den Mund gelangen kann.

Als meine Tochter zwei Jahre alt war, konnte sie dann schon unterscheiden, welche Beeren sie essen durfte und welche nicht. Wir trainierten das, indem sie zum Beispiel mit mir zusammen Erdbeeren, Johannisbeeren und Himbeeren zupfen und vom Strauch essen durfte. Andere Beeren, die an Ziersträuchern wuchsen, zupften wir gemeinsam ab und warfen sie für die Vögel in die Hecke, denn sie vertrugen diese Beeren. Danach wuschen wir uns die Hände.

Die Handlung Zupfen und Wegwerfen ist in diesem Fall besser als die Anweisung: „Nicht anfassen und nicht essen!“, da unser Gehirn Verneinungen nicht als Bild oder Film verarbeiten kann. Wichtig hierbei ist, ein sichtbares und ausführbares Alternativverhalten anzubieten, wann immer es möglich ist.

So lernte meine Kleine sehr schnell und sicher, was ihr drei Jahre älterer Bruder schon lange wusste: welche Beeren und Blumen essbar sind und welche nicht.

Beeren und andere Pflanzen, die die Kinder noch nicht kannten, zeigten sie mir. Wir besorgten uns ein Pflanzenbestimmungsbuch und sahen zusammen nach, wenn ich die Pflanze auch nicht kannte. Und natürlich kamen nur die Pflanzen in den Mund, die sicher essbar waren.

Noch einmal zurück zu den Verneinungen: „Denke jetzt nicht an einen rosa Elefanten!“ Ich nehme an, du hast ihn schon gesehen. Wie hast du das „nicht“ innerlich abgebildet? Hast du den rosa Elefanten durchgestrichen oder was hast du getan? Als Erwachsene können wir mit Verneinungen einigermaßen umgehen. Bei kleinen Kindern klappt das erheblich schlechter. Und auch dir selbst tust du einen großen Gefallen, wenn du dir überlegst, was du statt einer Verneinung tun möchtest, denn Aktionen sind mit den Sinnen viel leichter erfassbar.

Die 4 Lerntypen nach Bernice McCarthy

Die Forscherin Bernice McCarthy fand heraus, dass es vier unterschiedliche Lerntypen gibt. Die Art, wie diese Menschen bevorzugt lernen, behalten sie ein Leben lang bei. Themen, die in ihrer bevorzugten Art zu lernen präsentiert werden, begeistern sie. Andere Lernarten nutzen sie nicht so gerne. Die vier Lerntypen unterscheiden sich darin, welche Hauptfragen sich Menschen stellen, wenn sie sich ein Wissensgebiet erschließen.
Jeder dieser unterschiedlichen Lerntypen stellt sich eine dieser vier Fragen:

1. Der Warum-Typ:
   Warum lerne ich das überhaupt?
   Wenn dem Warum-Typen nicht klar ist, welchen Sinn das Wissen für ihn hat, beginnt er gar nicht erst zu lernen. Wenn er den Sinn erkannt hat, legt er engagiert los.

2. Der Was-Typ:
   Was genau gehört zu dem Thema?
   Der Was-Typ kann sich für Zahlen, Daten, Fakten an sich begeistern und lernt, indem er dieses Wissen ansammelt.

3. Der Wie-Typ:
   Wie genau wird das gemacht?
   Der Wie-Typ möchte Handlungsanleitungen erhalten und diese Handlungen nachvollziehen, um zu lernen.

4. Der Was-wenn-Typ:
   Was passiert, wenn ich etwas anderes tue?
   Der Was-wenn-Typ muss herumexperimentieren können, selbst etwas herausfinden, indem er die Aufgabe anders erledigt als gefordert. Dieser Lerntyp möchte die Auswirkungen auf die Zukunft erforschen, um gut lernen zu können.

Da du nicht von Anfang an weißt, zu welchem Lerntyp deine Kinder gehören, solltest du alle vier Lernangebote bereithalten. Sag deinen Kindern, was sie davon haben, wenn sie etwas lernen. Gib ihnen Informationen zum Thema. Zeig ihnen, wie das Wissen in die Tat umgesetzt wird, und lass sie üben. Erlaube deinen Kindern zu experimentieren, gezeigte Handlungen zu verändern und zu prüfen, welche Auswirkungen dies hat. Besprich diese Auswirkungen mit ihnen, anstatt sie zu rügen.

Mehrere kleine Geschichten zu den verschiedenen Lerntypen

Warum: inkonsistente Leistungen

Ich (Gudrun) konnte mich in meiner eigenen Schulzeit nur sehr schlecht zum Lernen motivieren, wenn mir der angebotene Lernstoff nicht interessant vorkam und ich nicht wusste, was ich davon habe, wenn ich mich für das Schulfach engagiere. So kam es, dass ich sehr unterschiedliche Noten in den verschiedenen Schulfächern und auch im gleichen Schulfach bei verschiedenen Lehrern hatte. War mir klar, welchen Nutzen mir das Wissen bringt, fing ich an, zu lernen; war mir das nicht klar, dachte ich an andere Themen und war nur körperlich anwesend. So kam es, dass ich Sprachen nicht besonders mochte, Mathematik und naturwissenschaftliche Fächer hingegen sehr. Ich hatte meist schlechte Noten in Latein, Englisch und Französisch und teilweise auch in Deutsch. Erst als ich im Studium meine Diplomarbeit schrieb und die gesamte Literatur dazu auf Englisch geschrieben war, lernte ich, englisch zu lesen und das Gelesene wirklich zu verstehen – und das recht zügig. Ähnlich ging es mir mit Latein. Als ich feststellte, dass ich mit meinen minimalen Lateinkenntnissen recht gut italienische Alltagssprache im Urlaub verstehen und sogar so sprechen konnte, dass Italiener wussten, was ich wollte, wurde mir bewusst, dass unbewusst mehr hängengeblieben war, als ich dachte. Ab diesem Moment konnte ich auch lateinische Inschriften auf römischen Bauten lesen und verstehen – und zwar ohne Latein zu büffeln. Es wäre sehr leicht gewesen, mich auch in den Fächern zu motivieren, die ich vernachlässigt hatte, wenn mir damals jemand gesagt hätte, was ich von diesem Wissen im wahren Leben habe, anstatt mir nur zu sagen, dass ich lernen soll, weil es im Stundenplan steht.

Was: Dinosaurierexperte vor Schulbeginn

Mein (Gudruns) Sohn schätzt es sehr, jede Menge Informationen über Sachgebiete zu erlernen, die ihn interessieren. Als er im Kita-Alter war, faszinierten ihn Dinosaurier ganz besonders. Er besaß einige Bücher mit Abbildungen und Beschreibungen zu diesen ausgestorbenen Tieren, die wir ihm immer wieder vorlesen und mit ihm ansehen sollten. Es dauerte nicht lange und er kannte jeden Dinosaurier in den Büchern auch bei seinem lateinischen Namen. Er wusste, wie groß und schwer er werden konnte, wovon er sich ernährte, zu welchen Untergruppen er gehörte und wo das erste Skelett gefunden wurde. Ich war fasziniert davon, wie gut er sich all diese Informationen merken konnte, und das bei ca. 120 verschiedenen Tierarten. Er war in kürzester Zeit zum Experten geworden.

Was-wenn: Schreiben lernen

Mein (Gudruns) Sohn gehört einerseits zu den Menschen, die sich gerne Zahlen, Daten und Fakten aneignen, wenn sie das Thema wirklich interessiert. Andererseits experimentiert er auch liebend gern. Das heißt, er stellt sich die Frage „was – wenn?“ Das ist wirklich gut, um neue Erkenntnisse etwa in naturwissenschaftlichen Fächern zu gewinnen und neue Vorgehensweisen herauszufinden. Beim Schreibenlernen ist diese Frage nicht die beste Wahl.

Ich kann mich noch gut daran erinnern, dass wir immer wieder Diskussionen darüber führten, ob es Sinn macht, Buchstaben immer wieder auf eine neue Art und Weise zu schreiben, mal links, mal rechts zu beginnen, mal oben und mal unten. So kommt definitiv keine Routine auf. Du glaubst gar nicht, auf welch verschiedene Weise Kinder den Buchstaben a schreiben können: in einem Zug – so wie er in der Schule vorgemacht wurde – oder von hinten nach vorne in einem Zug, als Kringel mit einem Strich dahinter; den Kringel kann man natürlich an jeder beliebigen Stelle beginnen und mal linksherum und mal rechtsherum schreiben. Ähnlich verhält es sich mit dem Strich dahinter: dieser kann oben oder unten angesetzt werden; man kann ihn näher oder weiter entfernt von dem Kringel positionieren.

Interessante Möglichkeiten über Möglichkeiten und solange keine Schreibschrift gefordert wird, funktionieren alle Versionen.

Mit der Idee, dass er als nächstes Schreibschrift lernen wird und es da natürlich sehr unpraktisch wäre, wenn der Stift immer wieder neu angesetzt werden müsste, konnte ich dann einigermaßen punkten, sodass einige seiner Buchstabenvarianten von ihm als unpraktisch aussortiert wurden. Immerhin ein Teilerfolg!

Wie: Schreiben lernen

Meiner (Gudruns) Tochter war es schon immer sehr wichtig, Aufgaben genauso zu erledigen, wie sie in der Schule beschrieben wurde. Hierzu folgt später noch eine Geschichte zum Rechnen. Sie brauchte die ausdrückliche Erlaubnis der Lehrerin, dass in ihrem Fall das Erraten von Ergebnissen völlig o.k. war.

Ähnlich war es mit dem Schreibenlernen. Wenn sie einen Buchstaben üben sollte, dann musste jeder Buchstabe exakt richtig aussehen. Wenn er auch nur ein kleines bisschen krumm geraten war, wollte sie die Übungsseite vernichten und von vorne beginnen. Ihr war es sehr wichtig, wie Dinge genau funktionieren. Und da sie sehr gut unterscheiden konnte, was ihr gut gelungen war und was noch nicht perfekt war, gab es da so manches Drama, weil ich von ihr verlangte, aufzuhören und sich auch einmal mit einem weniger guten Ergebnis abzufinden. Diesen Wunsch nach exakten Ergebnissen hatte sie schon in der Kita. An einem Mittag als ich meine Tochter dort abholte, erzählte mir die Erzieherin, dass es Tränen gegeben hätte. In der Kita wurde der Herbstschmuck gebastelt – eine Ausschneidearbeit. Meine Tochter wollte bei dem geringsten Schnibbelfehler ein neues Papier, um von vorne anzufangen. Beim dritten Versuch, der nach Meinung der Erzieherin sehr schön geraten war wie schon die zwei vorigen Versuche, habe sie meiner Tochter gesagt, dass es jetzt genug sei. Das Werk werde jetzt aufgehängt, weil es sehr schön sei. Damit sie es nicht wieder abnehmen konnte, wurde es in unerreichbarer Höhe an einen Ast mitten im Zimmer gehängt. Es hat wohl eine Weile gedauert, bis sich meine Tochter damit abgefunden hatte, dass diese Bastelarbeit nun die Kita schmückte.

Wie: Rechnen oder raten

Meine (Gudruns) Tochter interessierte sich bereits während der Kitazeit für Zahlen und konnte schon gut rechnen, bevor sie in die erste Klasse kam. Eines Tages kam sie von der Schule nach Hause und trällerte ein Liedchen, in dem sie Rechenaufgaben mit den korrekten Lösungen vor sich hinsang. Als es Zeit für die Rechenhausaufgaben war, brach meine Tochter in Tränen aus und schluchzte jämmerlich, dass sie nicht rechnen könne. Ich frage, wie sie denn darauf käme und machte sie darauf aufmerksam, dass sie noch beim Heimkommen selbst erdachte Rechenaufgaben mit Lösungen gesungen hatte und offensichtlich richtig rechnen könne. Darauf sagte sie mir, dass das nicht gerechnet, sondern geraten sei und raten dürfe sie in der Schule nicht, das habe die Lehrerein ausdrücklich verboten. Zuerst versuchte ich, das Raten mit ihr neu zu definieren als sehr schnelles und richtiges Rechnen, indem wir einen Taschenrechner zur Hand nahmen und die geratenen Ergebnisse ihrer selbst gewählten Aufgaben überprüften. Die geratenen Lösungen waren zu 100 Prozent richtig. Das half nichts, auch nicht, als ich ihr erklärte, dass ihre Lehrerin bestimmt nicht sie gemeint habe, als sie das Raten verboten habe, sondern Kinder, die falsche Ergebnisse reinrufen würden. Weil meine Tochter sehr gewissenhaft war und das Raten nun mal verboten war, half auch das nicht weiter. Nun fragte ich sie, wie das Rechnen in der Schule denn funktioniere. Sie erklärte mir, dass sie blaue und rote Plättchen im Kopf hin und herschieben müsse und diese dann abzählen solle. Dabei würde sie sich immer verzählen. Kein Wunder, wenn sie diesen Schritt schon lange nicht mehr brauchte. All meine Ideen zur Problemlösung blieben erfolglos. Das Ende vom Lied war dann, dass wir gemeinsam zu der wirklich sehr netten und verständnisvollen Lehrerin gingen und sie um eine Sondergenehmigung fürs Raten baten. Die bekam meine Tochter natürlich – allerdings mit der Auflage, diese vertraulich zu behandeln und nicht herumzuerzählen, dass sie raten durfte, weil sie immer richtige Ergebnisse hatte. Nun war meine Tochter wieder überzeugt davon, dass sie gut rechnen (raten) konnte. So ist es auch immer geblieben – sie hatte immer Spaß und gute Noten in Mathematik.

Was wenn: Wasserleitungen

Die Leidenschaft zu experimentieren zeigte sich bei meinem (Gudruns) Sohn schon sehr früh. Zu seinem sechsten Geburtstag wünschte er sich dünne Abflussrohre mit allen möglichen Verbindungsstücken in großen Mengen. Er kannte diese Rohre von unserem Umbau. Damit baute er im Garten beeindruckende verzweigte Rohrleitungen um Wasser, das er dort zum Matschen brauchte, über viele Meter hinweg in den Sandkasten zu leiten. Er schaffte es, das richtige Gefälle herzustellen, sodass das Wasser überall dort ankam, wo er es eingeplant hatte.

Was wenn: Staubexplosion

Wasserexperimente führen nur zu nassen, dreckigen Klamotten, das ist nicht weiter gefährlich.

Eines Tages kam mein (Gudruns) damals achtjähriger Sohn zu mir und fragte zunächst nach einem Gartenschlauch und einem großen Trichter. Ich dachte mir nichts weiter dabei. Dann kam er und fragte, ob er sich eine Gartenfackel anzünden dürfe. Auch dabei dachte ich mir nichts, weil wir ihm beigebracht hatten, sorgsam mit Feuer umzugehen. Im Garten konnte mit einer Fackel, die wir an den Abenden öfter anzündeten, auch nicht wirklich was anbrennen. Nun kam er noch einmal zu mir und bat mich um eine Tasse Mehl, die ich ihm auch gab. Irgendwie kam ich auf die Idee, doch einmal nachzusehen, was er machte und ging nach draußen. Als ich auf der Terrasse ankam, konnte ich direkt über unserem großen Sandkasten einen Feuerball von ca. fünf Metern Durchmesser sehen. Ich erschrak und schaute nach meinem Sohn, den ich Gott sei Dank nicht in der Nähe des Sandkastens sehen konnte.

Er hatte den Gartenschlauch mit dem großen Trichter verbunden, den Trichter mit dem Mehl gefüllt und so im Sandkasten fixiert, sodass das Mehl auf die brennende Fackel gepustet wurde, wenn er am anderen Ende des Schlauchs, aus sicherer Entfernung, hineinblies. So hatte er eine Staubexplosion geplant und sicher ausgelöst. Er hatte kurz zuvor in der Sendung mit der Maus einen Beitrag darüber gesehen, wie gefährlich es ist, wenn jemand in einer Bäckerei ein Streichholz anzündet, weil es dann zu einer Staubexplosion kommen kann. In der Sendung wurde natürlich betont, dass das kein Experiment zum Nachmachen sei. Er erklärte mir, dass er ein viel schlaueres Experiment aufgebaut habe, bei dem er in sicherer Entfernung war. Ich musste ihm Recht geben, machte aber mit ihm für die Zukunft aus, dass wir solche Experimente gemeinsam planen und durchführen.

Was wenn: Raketenexperimente

Wie oben schon erwähnt, experimentierte mein (Gudruns) Sohn schon immer gerne. Neben Dinosauriern liebte er Bücher, in denen physikalische Experimente beschrieben wurden, die er natürlich in unterschiedlichen Versionen testete.

So testete er eines Tages eine Methode für eine Rückstoßrakete: Er füllte eine Plastikflasche mit etwas Wasser verschloss sie mit dem Deckel, in den er ein Fahrradventil integriert hatte, und konnte die Falsche dann so stark aufpumpen, dass sie bis ans Ende des an unseren Garten angrenzenden Friedhofs flog, bevor sie auf dem Boden landete.

Als er schon etwas älter war, hörte ich mitten im Sommer auf einmal mehrere laute Knalle hinter dem Haus. Ich ging nachsehen, was los war. Was ich vorfand, war mein Sohn, der aus ein paar an Silvester übrig gebliebenen Böllern Raketen gebaut hatte, indem er sie an einer Seite zugeklebt und an Stöcken befestigt hatte. Nun musste er natürlich ausprobieren, ob seine Idee auch das bewirkte, was er vermutete. Und so zündete er aus sicherer Entfernung erfolgreich seine selbst entwickelten Raketen. Da ein Feuerwerk im Sommer nicht ohne Sondergenehmigung abgefeuert werden darf, konnte ich ihn dazu bewegen, seine Experimente zu beenden.

Veränderung als Weg zum Glück

Das Leben besteht aus einer Aneinanderreihung von Veränderungen. Betrachte nur einmal die rasante Entwicklung deines Sprösslings bzw. deiner Sprösslinge im ersten Lebensjahr. Dein Kind hat sich in dieser Säuglingszeit von einem vollkommen hilflosen und abhängigen Wesen zu einer kleinen Persönlichkeit, die ihren eigenen Willen hat und diesen auch bekundet, entwickelt; von einem Wesen, das sich nicht von der Stelle bewegen konnte, zu einem krabbelnden oder vielleicht sogar laufenden Wesen, das gezielt greifen kann, die Welt erforscht und Kontakt zu anderen Menschen aufnimmt. Dein Baby ist in dieser Zeit enorm gewachsen und hat seine körperlichen wie geistigen Fähigkeiten rasend schnell weiterentwickelt. Und diese Entwicklung hat sich im Kleinkindalter fortgesetzt und wird das ganze Leben lang anhalten. Daher macht es Sinn, sich mit Veränderungsprozessen anzufreunden – falls du noch kein Freund des Wandels bist.

Auf der Suche danach, was andere Menschen über Veränderungsprozesse dachten, lange bevor der Fachbereich Entwicklungspsychologie entstanden ist, bin ich (Gudrun) über ein paar Zitate gestolpert, die zeigen, dass sich Menschen schon immer mit dem Umgang mit Veränderungen befasst haben. Egal, wie alt die Zitate sind und woher sie kommen, sie treffen immer noch zu.

Schon der römische Kaiser und Philosoph Marc Aurel (121–180) äußerte: *„Das Universum ist Veränderung, unser Leben ist, was wir daraus machen.“*

Ein chinesisches Sprichwort besagt: *„Wenn der Wind des Wandels weht, bauen die einen Schutzmauern, die anderen bauen Windmühlen.“*

Und Mahatma Gandhi (1849–1948) sprach: *„Sei du selbst die Veränderung, die du dir wünschst für diese Welt.“*

Wenn du in deiner Familie Gutes bewirken möchtest, dann berücksichtige die Worte dieser weisen Menschen. Stelle dich den Veränderungen, die das Leben mit sich bringt, nutze sie und sei selbst ein Vorbild für Veränderungen, die die Welt ein Stück besser machen.

Falls du denken solltest, dass du die Welt nicht verbessern kannst, weil du nicht genügend Einfluss hast, mache dir klar, dass die Welt in deinem direkten Umfeld anfängt: bei dir selbst, in deiner Familie, bei deinen Freunden, deinen Arbeitskollegen, deinen Nachbarn etc. Einen direkten Einfluss auf die Welt von morgen hat zunächst der Umgang mit sich selbst und darauf aufbauend die Erziehung deiner Kinder, denn unsere Kinder sind die Erwachsenen von morgen, die die Welt von morgen gestalten werden.

Wenn du deinen Kindern vorlebst, wie du dich mutig den Herausforderungen der Welt stellst und dabei auch noch die langfristigen Auswirkungen der angestrebten Veränderungen bedenkst, dann hast du schon eine Menge für die Welt getan.

Der Weg durch die Veränderungskurve

Wenn Menschen – ob groß oder klein – sich verändern, durchlaufen sie immer bestimmte Phasen der Veränderung. Dabei ist es egal, ob es sich um ein angenehmes oder erwünschtes oder um ein unangenehmes oder unerwünschtes Thema handelt.

Vielleicht erinnerst du dich noch an die Zeit, als du eine Familie gegründet und dich mit dem Thema Kinder intensiv auseinandergesetzt hast. Vielleicht konntest du auch keine eigenen Kinder bekommen und hast dich für eine Adoption entschieden.

Egal, ob die Schwangerschaft lange ersehnt, geplant oder auch ungeplant war, oder ob du ein Adoptivkind in deine Familie aufgenommen hast – du musstest dich einer Veränderung deiner Lebenssituation stellen, die du offensichtlich gemeistert hast.

Dabei spielt es keine Rolle, um welche Veränderungen es sich handelt (etwa eine Hochzeit, die Geburt eines Kindes, den Tod eines geliebten Menschen, den Verlust des Arbeitsplatzes, ein neuer Arbeitsbereich, neue Karriereschritte, eine Eheschließung, eine Ehescheidung, die Einschulung der Kinder, ein Umzug). Positive wie negative Veränderungen sind gleichermaßen gemeint. Bei allen Veränderungsprozessen durchläufst du die sogenannte Veränderungskurve.

Hierbei verlässt du deine Komfortzone, begibst dich in unbekannte Regionen und eignest dir neue Gewohnheiten an, die du in dein Leben integrierst und dann als neue Routine ausführst. Dabei durchlaufen Menschen folgende Phasen der Veränderung:

1. Schock
2. Verneinung oder Widerstand
3. Rationale Einsicht
4. Emotionale Akzeptanz
5. Ausprobieren
6. Erkenntnis
7. Integration

Genauer betrachtet handelt es sich um folgende Schritte:

Du hältst dich zunächst in deiner Komfortzone auf. Das bedeutet, du weißt genau, was du kannst, und tust dies auch routiniert. Und zwar so lange, bis eine Veränderung diese Stabilität erschüttert. Nun ist alles anders und du weißt noch nicht, ob du den neuen Lebensbedingungen gewachsen bist, ob du sie meisterst oder daran scheitern wirst. Nun hast du die erste Phase der Veränderungskurve erreicht. Du bist geschockt und verunsichert – so beginnt es immer.

Kommen wir nun zurück zum Beispiel mit der ersten Schwangerschaft (die Adoption lasse ich im Moment einmal außen vor). Vielleicht denkst du gerade: „Eine unerwünschte Schwangerschaft löst sicherlich einen Schock aus, das kann ich nachvollziehen. Aber bei einer erwünschten Schwangerschaft ist das doch nicht der Fall.“ Weit gefehlt. Auch wenn du dir sehnlichst ein Kind gewünscht hast, weißt du dennoch nicht, ob du mit der Schwangerschaft, der Geburt und der danach folgenden Mutterrolle (oder auch Vaterrolle) zurechtkommen wirst, denn du tust es ja ein erstes Mal, musst dich erst an die neuen Bedingungen anpassen und dazulernen.

Falls die erste Phase, der Schock, nicht deutlich ausgeprägt in Erscheinung tritt, oder Phase eins gleich in Phase zwei übergeht, so berichten doch die meisten jungen Eltern, dass sie spätestens der Schlafmangel nach der Geburt des kleinen Lieblings auf dem Boden der Tatsachen landen ließ und sie an ihre Grenzen gebracht hat. Diese Eltern sind dann zuerst in Phase drei gelangt, der kognitiven Einsicht, dass Kinder zu erziehen nicht immer nur ein Zuckerschlecken ist. Danach ging es vermutlich sehr zügig in Phase vier, die emotionale Akzeptanz, ins Tal der Tränen.

Wenn du deine emotionalen Regungen rückblickend genau erforschst, wirst du vermutlich ein leises „Oh Gott – hoffentlich schaffe ich das!“ erkennen – und zwar direkt nach der Erkenntnis, dass du ein Kind bekommst. Es kann sein, dass diese Gedanken direkt von der zweiten Phase, der Phase der Verneinung und des Widerstands, eingeholt wurden. Nehmen wir wieder an, dass du ein Kind bekommen wolltest und dieser kleine Zweifel an deinen Fähigkeiten aufkam. Dann ist schon der Gedanke: „Das wird schon klappen!“ die Verneinung des Zweifels.

Falls du ungewollt schwanger wurdest, kann diese zweite Phase natürlich ausgeprägter sein. Du zweifelst zunächst an der Schwangerschaft, machst einen weiteren Test, der wieder positiv ist und auch der Ultraschall beim Frauenarzt bestätigt die Schwangerschaft. Schon bist du mitten in Phase drei angelangt, der kognitiven Einsicht. Dein Geist muss die Tatsache, dass du schwanger bist, akzeptieren.

Vielleicht hast du gedacht: „Das kann ich jetzt nicht gebrauchen! Will ich jetzt wirklich ein Kind?“ Wenn du dich für das Kind entschieden hast, geht es in die nächsten Phasen: In die kognitive Erkenntnis: „O.k., ich bin schwanger.“ Und in die emotionale Akzeptanz, ins Tal der Tränen. Vielleicht hast du dein Unglück beweint und dich der aufkeimenden Angst und Sorge gestellt. Das ist der Wendepunkt der Kurve – ab jetzt geht es wieder bergauf.

Nebenbei gesagt: Wenn du dich für einen Schwangerschaftsabbruch entschieden hättest, wäre das nur der Beginn einer weiteren Veränderung gewesen, und du hättest zu diesem Thema die Phasen der Veränderung durchlaufen.

Nun zurück zum obigen Beispiel: Du warst bereits beim Wendepunkt, hast dich deinen Emotionen gestellt und sie durchlebt. Nun beginnst du, etwas Neues auszuprobieren, eine Lösung zu finden, dein Leben umzuorganisieren – das ist Stufe fünf des Veränderungsprozesses. Nun hast du erste Erfolge mit deinen Versuchen, gelangst zu einer Erkenntnis und einer neuen Fähigkeit. Du bist nun auf Stufe sechs angelangt. Mit etwas Übung integrierst du die neue Fähigkeit in deinen Alltag und hast eine neue Routine erlangt. Du bist auf einer höheren Stufe der Kompetenz angekommen (Stufe sieben).

Wenn du dir sehnlichst ein Kind gewünscht hast und deshalb die Stufen eins und zwei milde verlaufen sind, bist du vermutlich erst ziemlich spät auf dem Boden der Tatsachen gelandet, vielleicht erst nach mehreren durchwachten Nächten (Stufe drei und vier). Nun hast du vielleicht begonnen, dich mit deinem Partner abzuwechseln, auf Ordnung im Haushalt zu verzichten und tagsüber jede Gelegenheit zum Schlafen zu nutzen, dein Kind doch mal im Ehebett schlafen zu lassen, oder was dir auch immer als Lösungsmöglichkeit eingefallen sein mag. Davon hat irgendetwas funktioniert und du hast es beibehalten (Stufen fünf und sechs) und eine neue Routine ist entstanden (Stufe sieben).

Falls du ungewollt schwanger warst, dann hast du dein Leben vielleicht so organisiert, dass überhaupt erst Platz für ein Baby entstanden ist. Der Rest mit den durchwachten Nächten hat sich natürlich angeschlossen.

Für jeden Fall bist du kompetenter geworden. Du weißt das auch und kannst stolz auf deine Erfolge sein!

Vielleicht hast du schon erkannt, dass die Stufen eins bis vier eher unangenehm und emotional anstrengend sind – auf den Stufen fünf bis sieben dagegen kommt gute Laune auf.

Das liegt daran, dass das menschliche Gehirn ein Belohnungssystem besitzt. Es stellt den Botenstoff Dopamin immer dann zur Verfügung, wenn Menschen Aha-Erlebnisse, also Erkenntnisse haben. So fördert unser Gehirn Lernprozesse, die notwendig sind, um uns an die sich verändernde Welt anzupassen.

Bei kleinen Kindern, die beinahe täglich Neues lernen, kannst du diese Phasen ebenso beobachten. Nehmen wir einmal das Hochziehen an einem Gegenstand. Dein Kind hat bemerkt, dass Erwachsene sich auf zwei Beinen fortbewegen, und möchte das auch können. Dazu muss es den sicheren Zustand auf allen Vieren verlassen (Stufe eins: Schock). Vielleicht scheut es diesen Schritt und möchte vermehrt auf dem Arm herumgetragen werden, denn dann ist es auch auf Höhe der Erwachsenen und bewegt sich voran (Stufe zwei: Verneinung). Dann macht es erste zaghafte Anstalten, eine Hand vom Boden zu lösen und nach oben zu greifen. Es hört dann erst einmal mit seinen Versuchen auf, weil es erkennt, dass sein Vorhaben gar nicht so leicht ist wie gedacht, aber notwendig, um auf zwei Beinen zu laufen (Stufe drei: rationale Einsicht). Nun ist dein Baby wirklich schlecht gelaunt. Es weint, weil es das, was es können möchte, noch nicht beherrscht (Stufe vier: emotionale Akzeptanz). Dann fasst es sich ein Herz und zieht sich das erste Mal in seinem Leben an einem Gegenstand hoch. Vermutlich wird das nicht gleich gelingen und dein Baby weint, weil es sich gestoßen hat oder einfach nur beim Umpurzeln erschrocken ist; aber es macht mit seinen Versuchen (Stufe fünf: Ausprobieren) so lange weiter, bis es weiß, wie das Hochziehen genau funktioniert (Stufe sechs: Erkenntnis – hierfür produziert das Gehirn Dopamin, den Belohnungsbotenstoff).

Nun muss sich nur noch eine Gewohnheit etablieren, sodass dein Baby routiniert aufsteht (Stufe sieben: Integration).

Dein Baby tut all das nur für sich und ganz selbstverständlich, es handelt sich um einen natürlichen Lernprozess. Dieser ist angetrieben von Neugier und dem Wunsch, erwachsen zu werden. Erlaube deinem Kind also, diese Lernprozesse unvoreingenommen zu durchlaufen. Sichere es vor Gefahren ab, indem du dich mit ihm zusammen auf Entdeckungsreise begibst und es notfalls in Ruhe auffängst, wenn es fällt.

Genauso solltest du mit eigenen Veränderungen umgehen: möglichst schnell ins Tal der Tränen gehen, munter rumprobieren, bis du eine Lösung gefunden hast und dich dann freuen und stolz auf deinen Erfolg sein! So macht Veränderung Spaß und leben bedeutet Veränderung! Wirklich problematisch werden Veränderungsprozesse für die Menschen, die nicht nur für sich selbst lernen möchten und dürfen, sondern, die die Erwartungen anderer Menschen erfüllen müssen oder denken, das tun zu müssen. Du fügst deinen Kindern also Schaden zu, wenn du sie zum Beispiel aufgrund elterlicher Sorge am Ausprobieren hinderst oder von ihnen Handlungen forderst, zu denen sie körperlich oder geistig noch nicht in der Lage sind.

Für Eltern bedeutet dies, dass sie – um es den Nachbarn oder den eigenen Eltern rechtzumachen – zum Beispiel die Ordnung im Haushalt für wichtiger halten als den eigenen Schlaf etc. Wenn du dich mit den Vorstellungen davon, was eine Mutter oder ein Vater leisten soll, überforderst, wirst du beginnen, Veränderungsprozesse zu scheuen, da dein Belohnungssystem unter diesen Bedingungen nicht funktioniert. Du bist angetrieben von Ängsten anstatt von Lernerfolgen.

Also beachte bitte: Räume mit alten Vorstellungen auf und gebe dir und deinen Kindern die Chance, spielerisch und freudig aus eigenem Antrieb heraus zu lernen und sich am Erfolg zu erfreuen! Nun sind deine Kinder bereits dem Säuglingsalter entwachsen, haben vielleicht das Kleinkindalter hinter sich und gehen schon bald in die Schule. Die Kinder haben also schon viele Veränderungsprozesse durchlaufen und du ebenfalls. Denn ob du willst oder nicht: Deine Kinder verändern sich und du dich mit ihnen, denn du musst dich an die Entwicklung deiner Kinder anpassen.

Für den Übergang von der Kita zur Schule solltest du dich nun mit den eigenen Erfahrungen zu diesem Thema auseinandersetzen, sie – falls notwendig – bereinigen und dich von überkommenen Vorstellungen lösen, damit du deinen Kindern einen geschmeidigen Übergang in die Schule erleichterst. Es ist wichtig, dass du unvoreingenommen beobachten kannst, was deine Kinder womöglich in ihrer Entwicklung bremst und behindert, und was ihnen wirklich guttut.

Schlechte Erfahrungen loslassen

Jeder Mensch hat in seinem Leben eine Vielzahl von angenehmen und unangenehmen Erlebnissen. Es ist gut, wenn du aus dem Erlebten für die Zukunft lernst und unangenehme Erinnerungen danach loslässt: Sie sind vorüber. Du hast die Situation überstanden und darfst dein Leben genießen.

Vielleicht bist du froh, dass du deine Schulzeit abgeschlossen hast, weil diese Zeit nicht nur angenehm war. Manche Lehrer waren nett, andere unfreundlich. Manche Fächer sind dir leichtgefallen, andere vielleicht schwerer. Das hinterlässt Spuren, die sich darauf auswirken, was du vom Leben erwartest.

Nun kommt dein Kind vielleicht bald in die Schule und du wirst, ob du möchtest oder nicht, wieder mit dem Thema Schule konfrontiert. Damit du dein Kind bei diesem Schritt gut unterstützen kannst, ist es wichtig, alte Ängste und Ärgernisse noch einmal in einem neuen Licht zu betrachten. Du darfst dich freuen, dass Unangenehmes vorüber ist. Du darfst dich entspannen, denn du hast all das durchgestanden und überlebt.

Mit dem Wissen von heute darfst du entspannt in die Zukunft blicken – und auch die Zukunft deiner Kinder locker nehmen.

Übung: Unangenehme Erinnerungen neu bewerten

Falls das bei dir noch nicht so locker funktioniert, nimm dir an einem für dich angenehmen Ort etwas Zeit, versorge dich mit allem, was dir guttut, und mach es dir gemütlich.

Erinnere dich nun zunächst an angenehme Stunden deines Lebens und mache dir bewusst, wie genau du dich fühlst, wenn es dir richtig gut geht.

Dann nimm die dazu passende Haltung ein und behalte sie bei. Vielleicht richtest du dich gerade auf und lässt deine Muskeln dabei so locker wie möglich. Spanne sie nur so stark an, wie es eben notwendig ist, um die aufrechte Haltung beibehalten zu können. Vielleicht zauberst du ein Lächeln auf deine Lippen und atmest ruhig und tief.

Behalte diesen Zustand weiter bei, während du nun noch einmal an ein vergangenes unangenehmes Ereignis aus deiner Schulzeit denkst. Mache dir klar, dass du alles überstanden hast, dass du gelernt hast und dich über dein Leben freuen darfst.

Tu das so lange – immer wieder aufrichten, lächeln, tief und entspannt atmen –, bis du ganz entspannt an dieses Ereignis denken kannst. Wiederhole diese Prozedur in einem ruhigen Moment mit allen unangenehmen Ereignissen, die dir in den Sinn kommen.

Nun hast du eine Menge dazugelernt. Du hast gelernt, dass du gelassen bleiben kannst, wenn du an deine eigene Schulzeit zurückdenkst.

Das hat wahrscheinlich zur Folge, dass du auch gelassen bleiben kannst, wenn du daran denkst, dass dein Kind bald in die Schule kommt.

Das wiederum hat zur Folge, dass du dein Kind freudig und ruhig beim Lernen begleiten kannst, immer in dem Wissen, dass alles gut wird.

Was hat das nun mit NLP zu tun? Menschen werden nicht unglücklich, weil sie etwas Bestimmtes erlebt haben, sondern weil sie das, was sie erlebt haben, als schlimm oder immer noch belastend bewerten. Wenn ich zum Beispiel denke: „Gut, dass das ängstigende Ereignis nun vorüber ist!“, kann ich glücklich weiterleben. Wenn ich denke: „Wie schlimm, dass ich so ein ängstigendes Ereignis erleben musste. Warum musste ausgerechnet mir so etwas passieren?“, fühle ich mich vermutlich weiterhin belastet.

Es geht also um eine Neubewertung vergangener Ereignisse. Da unser Gehirn die Bewertung von Ereignissen vornimmt, indem es die Sinneswahrnehmungen passend zu einer bestimmten Emotion codiert, gehören auch bestimmte Körperhaltungen und dadurch entstehende Körpergefühle zu diesem Bewertungssystem dazu. Wenn ich ein Ereignis in einer anderen Körperhaltung als üblich erinnere, verändert sich meine Bewertung und ich habe die Chance, wieder glücklich zu werden.

Trance: Alte Belastungen aus der Schulzeit loslassen

https://www.nlp-impulse.com/dl/fg-schule.mp3

Eigene Erfahrungen als Weg zum Glück

„Die Erfahrungen sind wie die Samenkörner,
aus denen die Klugheit emporwächst."
Konrad Adenauer

„Erfahrungen sind Maßarbeit. Sie passen nur dem,
der sie macht."
Carlo Levi

Wie du bereits weißt, hängt Selbstbewusstsein mit Selbstwirksamkeit zusammen und Selbstwirksamkeit kann ein Mensch erleben, indem er selbst etwas bewirkt. Lernen funktioniert ebenfalls am besten mit eigenen Erfahrungen. Aha-Erlebnisse lösen das Belohnungssystem im Gehirn aus und machen glücklich. All das gilt für Erwachsene und Kinder gleichermaßen!

Ermögliche dir und deinen Kindern also eigene Erfahrungen. Dafür braucht es keinen großen Aufwand. Dafür sind nur etwas Zeit und Geduld nötig, denn wenn Menschen etwas zum ersten Mal tun, dauert es vermutlich etwas länger.

Allerdings haben nicht nur deine Kinder etwas von diesen Erfahrungen, sondern auch du.

Übung: Gemeinsam neue Erfahrungen machen

Kinder mögen es, wenn sie bei den Aufgaben der Erwachsenen mithelfen können. Also warum soll man sie nicht auch einmal Erfahrungen machen lassen, die die Kinder alleine nicht machen können und dürfen?

1. Überlege gemeinsam mit deinem Kind, was du alles tust, was dein Kind attraktiv findet. Bestimmt sind Tätigkeiten dabei, die du deinem Kind bisher allein noch nicht zutraust, die es jedoch mit deiner Hilfe und Anleitung – mit dir zusammen – tun kann. (Auf Sicherheit und gesetzliche Vorgaben achten.)
2. Überlege, wie die Ideen umsetzbar sind.
3. Entscheidet euch für eine der Möglichkeiten.
4. Legt los. Hab etwas Geduld und lass dich überraschen, was dein Kind alles kann und welche Umsetzungsmöglichkeiten sich daraus entwickeln.

Mein (Kirstens) großer Sohn wollte mir unbedingt bei dem Buch helfen, wie du ja bereits anhand unseres Dialoges weiter vorne im Buch bemerkt hast. Es hat ihn sehr stolz gemacht und es war ihm ein wichtiges Anliegen, seine Gedanken mit mir zu teilen, damit andere Eltern und ihre Kinder davon profitieren. Also habe ich ihn mitmachen lassen. Auch habe ich ihn dabei unterstützt, sein erstes eigenes Büchlein zu schreiben. Eine kleine Detektivgeschichte. Das war teilweise noch vor seiner Einschulung und daher etwas anstrengend für ihn, da er alles mit der Hand geschrieben hat. Aber er hatte viel Spaß daran und er ist sehr stolz auf sein Buch, auf das natürlich noch weitere folgen sollen.

Lass deinen Kindern Spielräume, um mitzumachen. Lass deine Kinder dabei ihre Talente entdecken. Wer weiß, was sich daraus ergibt.

Was hat das mit NLP zu tun? Für Kinder ist die Welt der Erwachsenen attraktiv. In diese Welt möchten sie hineinwachsen und dazugehören. Mit Kindern gemeinsam Aufgaben zu erledigen, ihnen etwas zuzutrauen und sie bei ihren Versuchen zu begleiten, gibt Eltern und Kindern ein gutes Gefühl. Kindern, weil ihnen etwas zugetraut wurde und Eltern, weil sie beobachten können, was ihre Kinder bereits verstehen und können. Auf diese Weise erhöht sich die Zuversicht bei Eltern und ihren Kindern. Zuversicht macht wiederum lernbereit, glücklich und leistungsfähig.

Fehler und Rückschläge sind erlaubt

Für die Wissenschaft ist es das Natürlichste der Welt, etwas zu versuchen und sich dabei zu irren. Kein Wissenschaftler denkt, dass er versagt hat, wenn eine Versuchsreihe nicht das gewünschte Ergebnis erzielt hat. Er notiert sich alles und leitet daraus sein Vorgehen für die nächste Versuchsreihe ab, bis er das gewünschte Ergebnis erreicht. Durch jede Versuchsreihe erhält er Feedback, mit dem er arbeiten kann, um im nächsten Durchgang seine Erfolgschancen zu erhöhen.

Warum machen wir uns dieses Prinzip als Familien nicht auch zunutze? Niemand versagt! Weder wir Eltern noch unsere Kinder! Wir bekommen für unser Handeln Feedback. Dieses gefällt uns manchmal mehr und manchmal weniger. Manchmal wird dabei die Apfelschorle verschüttet, manchmal hören unsere Kinder nicht auf das, was wir sagen, und manchmal schaffen wir es gemeinsam, die ersten Meter mit dem Fahrrad zu fahren.

Wenn etwas funktioniert, dann schauen wir selten genau hin und möchten wissen, warum es gelungen ist. Doch genau das lohnt sich. Dein Vorgehen hat das gewünschte Ziel erreicht. Also mehr davon.

Wenn es nicht funktioniert hat, solltest du, statt zu schimpfen oder dich als Versager zu fühlen, überlegen, was du anders machen könntest. Um bei der verschütteten Apfelschorle zu bleiben: Vielleicht erkennst du, dass das Glas zu voll war; oder dass es besser ist, im Sitzen zu trinken, statt mit dem Glas herumzulaufen; oder dass der gut gemeinte Hinweis „Pass auf, dass du nichts verschüttest“ genau das Gegenteil bewirkt hat, weil das Gehirn Verneinungen nicht als Bild sehen kann. Besser wäre hier folgender Satz gewesen: „Halte das Glas bitte gerade, damit die Apfelschorle im Glas bleibt“. Es ist ein Lernprozess. Und lernen funktioniert nun mal am besten, indem Erfahrungen gesammelt werden.

Übung; Geschichten helfen, Erfahrungen weiterzugeben

Kinder lieben Geschichten aus der Zeit, als ihre Eltern selbst noch klein waren; oder als Oma und Opa noch klein waren. Mit diesen Geschichten kannst du nicht nur wunderbare Erinnerungen teilen, sondern auch Erfahrungen weitergeben.

1. Erzähle deinen Kindern Geschichten, in denen etwas bei dir nicht so gut geklappt hat, und du dann eine Lösung gefunden hast oder eben auch nicht. Und wie das für dich war.
2. Vermittele deinen Kindern auf diese Weise, dass Erfahrungen auch mal mit Rückschlägen verbunden sind und dass das o.k. ist. Deine Kinder sind immer o.k. Auch mit Rückschlägen.

Lass deine Kinder dann ihre eigenen Erfahrungen machen! Mit dem Wissen, dass Rückschläge dazugehören und dass du deine Kinder immer liebst, egal, ob sie gerade erfolgreich sind oder sich mit Rückschlägen abfinden müssen.

Was hat das mit NLP zu tun? Menschen haben das Bedürfnis, eigene Erfahrungen zu machen. Manchmal ist es jedoch günstiger, diese Erfahrungen in Form von Geschichten vorwegzunehmen. Geschichten sind keine Ratschläge, keine Befehle und keine Verbote – sie lassen persönlichen Spielraum zu. Dadurch, dass sich Menschen üblicherweise in die Helden der Geschichte hineinversetzen, können sie deren Erfahrungen stellvertretend und in einem geschützten Rahmen nachvollziehen, ohne womöglich schmerzhafte Erfahrungen und deren Folgen selbst machen zu müssen. Auch Lösungsmöglichkeiten für Probleme können in Geschichten unaufdringlich angeboten werden.

Loslassen als Weg zum Glück

Kinder werden geboren, um ein eigenes Leben zu führen. Eltern geben ihnen vieles mit auf den Weg, den sie dann selbst gehen müssen. Für Eltern bedeutet das: Es ist wichtig, den Kindern im Laufe der Zeit immer mehr Freiheiten zu geben, sie Dinge selbst ausprobieren zu lassen und sie leider auch eigene Fehler machen zu lassen.

„Zwei Dinge sollen Kinder von Ihren Eltern bekommen: Wurzeln und Flügel.“

J.W. Goethe

Und wieder einmal hat der Mann recht. Auch wenn es nicht so leicht ist, die eigenen Kinder loszulassen. In der Kita fiel es mir (Kirsten) bei meinem Älteren besonders schwer. Klar, es war auch für mich das erste Mal, dass ich in einer derartigen Situation war. Ich konnte mich einfach nicht trennen. Ich wollte bei ihm sein, wissen was er macht, wie es ihm geht. Ich hatte den Zwerg zwei Jahre als Mittelpunkt meines Lebens gehabt – es drehte sich alles um ihn. Es war sehr hart. Da half es auch nicht, dass ich wieder zurück in den Beruf ging. Das war nur eine kleine Ablenkung. Mittags ging ich schnellstmöglich von der Arbeit zur Kita, um ihn abzuholen. Ich wusste, dass er bei den Erziehern gut aufgehoben war. Ich wusste, dass er viel Spaß beim Spielen hatte. Ich wusste, dass er mit den anderen Kindern klarkam. Aber ich kam nicht damit klar, ihn zurückzulassen, ihn loszulassen. Und genau das hat den Abschied für ihn so schwer gemacht. Oft haben wir noch gekuschelt. Er wollte nicht von meinem Arm, es gab immer noch ein Küsschen für mich und auch immer wieder herzzerreißende Tränen und ein „Mama, ich will mit dir!“ Es blieb kein Auge trocken. Solch eine Situation kennen sicher viele Mütter. Bis mir nach einem erneut tränenreichen Abschied und einem kurzen Gespräch mit einer Erzieherin irgendwann einmal einige NLP-Gedanken durch den Kopf gingen: Wenn ich ihn innerlich loslassen kann, dann kann er es auch. Er spiegelt mein Verhalten. Wenn ich ihn also nicht loslassen kann, kann er es auch nicht und die Abschiede werden für uns beide schwer. Wenn ich es für mich innerlich hinbekomme, ihn loszulassen, dann kann er es auch und die Abschiede morgens klappen. Glaub es oder nicht, aber sobald ich diese Erkenntnis hatte, war ich für mich vom Herzen her klar und von nun an war es ein schönes allmorgendliches Verabschieden. Von den Fakten her war mir bewusst, dass es ihm gut geht und ich hatte keine Sorgen, dass er dort nicht gut aufgehoben war! Das wäre nämlich eine komplett andere Situation, die ein gänzlich anderes Vorgehen erfordert hätte. Er konnte spüren, dass ich innerlich nicht mehr so zerrissen war, und so konnte auch er sich gut verabschieden. Ich habe ein stimmiges Verhalten gezeigt: Ich habe ihn abgegeben und innerlich den Gedanken gehabt, dass das o.k. ist. Das hat funktioniert. Solange ich ihn noch abgegeben habe und dabei dachte, dass ich ihn lieber bei mir haben würde, waren es widersprüchliche Botschaften, die ich gesendet habe. Das hat bei allen für Verwirrung gesorgt. Sobald meine Botschaften stimmig waren, war alles gut. Dies trifft nicht nur auf das Loslassen in der Kita zu, sondern lässt sich auf viele Situationen übertragen. Loslassen bedeutet nicht nur, den Kindern mehr Freiheit zu schenken, sondern auch Ängste loszulassen und auf die eigenen Erfolge und Lösungsmöglichkeiten zu vertrauen; sich auf die eigene Stärke und die der Kinder zu verlassen und sie Neues entdecken zu lassen, damit sie ihre Fähigkeiten ausprobieren und entwickeln können.

Als Eltern können wir sie dabei begleiten, motivieren, unterstützen; sie bei Rückschlägen trösten, wieder aufbauen und sie wissen lassen, dass wir Eltern immer für sie da sind. Eltern leben Kindern Werte und Dinge vor, die ihnen wichtig sind; sie bringen Kindern neue Fähigkeiten bei und ermöglichen ihnen Gelegenheiten, um diese auszuprobieren.

Dabei ist der erste Schultag keine Ausnahme. Natürlich machen sich Eltern Gedanken, ob alles klappt und der Start in die Schule gut geht. Erinnerungen an den eigenen Schulstart kommen zurück. Aber es geht auch darum, dass das Kind einen großen Schritt in Richtung größer werden macht. Ihm wird zugetraut, dass es in die Schule geht, dort lernt, Freunde findet, lernt für sich selbst einzustehen, Fragen zu stellen und sich immer mehr um eigene Dinge zu kümmern und sich zu organisieren. Auch hierbei müssen Eltern lernen, ihre Kinder ein weiteres Stück loszulassen. Dabei bleibst du aber immer ein Begleiter deiner Kinder. Je älter Kinder werden, je mehr sie können, je selbständiger sie aufgrund ihrer Fähigkeiten werden, desto mehr kannst und sollst du deine Kinder loslassen.

Erinnere dich daran, was dein Kind schon alles kann, was du ihm beigebracht hast. Und traue ihm nun auch zu, diese Dinge selbst zu tun. Wenn du dir das vor Augen führst – indem du vielleicht dein Kind einmal in verschiedenen Situationen betrachtest und feststellst, dass es nun erwachsener reagiert –, fällt dir das Loslassen auch leichter. Du wirst feststellen, dass du stolz auf dein inzwischen großes Kind bist! Lass dein Kind das auch spüren! Du kannst neue Abschnitte im Leben deiner Kinder mit Stolz feiern!

Kleine Geschichte zum Thema Loslassen

Zum Thema Loslassen fällt mir (Gudrun) auch eine Geschichte ein. Als meine Tochter ca. zwei Jahre alt war, beschloss sie, dass sie auf dem Heimweg von der Krabbelgruppe allein über die Hauptstraße unserer Heimatstadt gehen wollte – das ging natürlich nicht, da es sich um eine vielbefahrene Straße handelte und meine kleine Tochter den Verkehr noch nicht richtig einschätzen konnte. Also erklärte ich ihr, dass sie mir beim Überqueren der Straße die Hand geben müsste oder sich in den Buggy setzen solle, dann würde ich sie nach Hause schieben.

Sie weigerte sich vehement und wollte nichts davon tun. Zunächst versuchte ich es mit geduldigem Überzeugen. Da sie aber immer wieder den Versuch unternahm, allein loszulaufen, was ich natürlich nicht riskieren konnte, beschloss ich, sie gegen ihren Willen an der Hand zu führen. Der Versuch, sie in den Buggy zu setzen, war bereits gescheitert, weil sie lauthals brüllte und sich aufbäumte. Also nahm ich ihre Hand und zog sie protestierend über die Straße. Drüben angekommen, wollte ich sie wieder allein neben mir hergehen lassen. Das klappte sonst sehr gut. Sobald ich ihre Hand losließ, wollte sie jedoch weglaufen, um zurück zur Hauptstraße zu gehen und diese allein zu überqueren. Ich musste mit meiner Zwangsaktion also weitermachen, da sie jedes Mal, wenn ich es riskierte, loszulassen, umkehrte.

Du glaubst nicht, wie du von den anderen Menschen, die dir begegnen, angesehen wirst, wenn du ein schreiendes Kind hinter dir herziehst. Das war ein richtiger Spießrutenlauf! Aber was blieb mir anderes übrig, als die Aktion zu Ende zu bringen? Es ging ja um eine wirkliche Gefahr.

Eine Nachbarin, die mit ihrer Tochter ebenfalls in die Krabbelgruppe ging, begleitete mich auf diesem Heimweg. Ihre Lösungsidee lautete Ablenkung. Sie meinte, das würde bei ihrer Tochter zuverlässig klappen. Ich ahnte schon, dass sich unsere Kinder da stark unterscheiden, da ich meine Tochter als sehr eigenwillig und durchsetzungsstark kannte.

Nun spielte uns der Zufall in die Tasche. Auf dem Heimweg kamen wir an einem Haus vorbei, vor dem ein Feuerwehrauto stand. Ein Sanitätsauto war mit Blaulicht und Sirene ebenfalls dorthin unterwegs und fuhr an uns vorbei. Meine Nachbarin sagte: „Damit können wir sie sicherlich ablenken." Ihre kleine Tochter interessierte sich schon sehr für die Sirene und die Blaulichter. Sie sagte zu meiner Tochter: „Schau mal, dort steht die Feuerwehr und ein Sanitätsauto kommt auch noch." Daraufhin wendete sich meine Tochter für geschätzt zwei Sekunden dem Geschehen zu, um sofort wieder ihr eigentliches Ziel zu verfolgen. Sie schaute mich wieder an, sagte: „Alleine über die Straße" und wollte sich von meiner Hand losreißen.

Also brachte ich meine Aktion unter Gezeter zu Ende und zog sie weiter hinter mir her, bis wir zu Hause angekommen waren. Auf diesem Nachhauseweg hätte ich mir nichts sehnlicher gewünscht als ein gehorsames und/oder ablenkbares Kind.

Die Geschichte war zu Hause noch nicht beendet. An diesem Tag musste ich die Türen von innen abschließen, damit meine Tochter nicht zurücklaufen konnte, um die Straße allein zu überqueren. Erst am nächsten Morgen war das Thema erledigt und sie gab mir ab dem Zeitpunkt die Hand, wenn ich es an einer belebten Straße von ihr verlangte.

Allerdings bestand sie sofort nach der Fußgängerprüfung in der Kita im Alter von ca. fünfeinhalb Jahren darauf, von nun an den kompletten Weg zur Kita allein zu gehen – schließlich habe ihr die Polizei ja bestätigt, dass sie eine gute Fußgängerin sei und Straßen richtig überqueren könne.

Ich erlaubte ihr, diesen Weg allein zu gehen – zunächst unter starkem Herzklopfen. Ich schlich unbemerkt hinter ihr her, um mich zu vergewissern, dass sie sich auch umsichtig verhielt und heil ankam; denn auf ihrem Weg zur Kita musste sie sogar die vielbefahrene Bundesstraße an einer Fußgängerampel überqueren.

Nach einigen Tagen des Hinterherschleichens war mir schon wohler zumute. Ich vereinbarte mit der Leitung ihrer Kitagruppe, dass ich dort anrufe, wenn meine Tochter losgeht und die Erzieherin sich meldet, wenn meine Tochter angekommen ist. Das machten wir noch einige Tage so. Danach konnte ich loslassen und auch auf die Anrufe verzichten.

Zu diesem Zeitpunkt wurde mir noch einmal sehr klar, welche Vorteile es hat, wenn ein Kind eigenwillig und zielstrebig ist. Das mag manchmal unbequem sein, aber letztendlich konnte ich mir sicher sein, dass meine Kleine ihren (Lebens-)Weg schon gehen wird, und dass sie ihre Ziele erreichen wird – das war für mich sehr beruhigend.

Abschied nehmen als Weg zum Glück

Adieu, Tschüss, auf Wiedersehen. Es gibt viele Möglichkeiten, um Abschied zu nehmen. Abschiede sind häufig mit Wehmut, Erinnerungen und dem Gefühl von Verlust verbunden. Daher gibt es schon seit jeher Zeremonien, Rituale und Ähnliches, um Abschiede zu zelebrieren.

Rituale helfen

Rituelle Übergänge gibt und gab es in allen Kulturen und zu allen Zeiten. Es wird Abschied genommen von Menschen, Orten, Lebensabschnitten.

Ich denke hierbei zum Beispiel an die Abschlusszeremonie beim Abitur. Bei mir gab es einen Abi-Gottesdienst, einen Abiball, bei dem in einer feierlichen Zeremonie die Abiturzeugnisse übergeben wurden, und im Vorfeld natürlich noch Abi-Partys. Auch am Ende des Studiums gab es Rituale. Daher weiß ich auch, wie wichtig diese Rituale sind, um Abschied zu nehmen. Da ich nach meinem Studium ein Praktikum in einer Unternehmensberatung absolviert habe und an dem Tag nicht freibekommen habe, erhielt ich mein Diplom per Post. Keine Freunde, Familie, kein Händeschütteln mit dem anschließenden Überreichen des Diploms und kein Erinnerungsfoto. Kein Abschlussritual. Und das merke ich auch.

Mir fehlt ein klarer Abschluss für diesen Lebensabschnitt. Früher hat es mir mehr ausgemacht, heute finde ich es nur noch schade.

Daher ist es auch für Kitakinder wichtig, einen Abschluss zu haben: eine Feier, einen Gottesdienst etwa. Es gibt sehr unterschiedliche Traditionen, aber allen ist gemeinsam, dass die Kinder und auch die Eltern ein Ritual haben, mit dem sie von der Kitazeit Abschied nehmen können. Es ist ein Abschluss. Sie können die Vergangenheit feiern, sich erinnern, einen Blick auf den bislang zurückgelegten Weg werfen, stolz auf das Erreichte sein. Auf diese Weise können deine Kinder und du Platz für Neues schaffen.

Kleine Geschichte zum Thema Abschied

Phasen des schwierigen Abschieds können auch immer wieder kommen. Ich (Kirsten) erinnere mich mit Schrecken an die Zeit nach dem ersten Lockdown und den darauffolgenden Sommerferien. Mein jüngerer Sohn, der vorher mit seinem großen Bruder in einer Kitagruppe gewesen war, musste nun allein dorthin gehen. Zudem gab es unter den Kindern natürlich auch einen Wechsel und leider auch genau in diesem Jahr einen Teilwechsel der Erzieher. Außerdem waren die Gruppenräume coronakonform ungestaltet worden. Alles war anders! Das war für meinen kleinen Sohn der Horror. Er weinte bitterlich, klammerte sich an mir fest, lief weg, wollte den Erziehern nur kurz sagen, dass er heute nicht in der Kita bleibe. Die Situation war für alle eine Belastung. Emotional gipfelte sie darin, dass er sich am Türrahmen festklammerte, und nach mir rief, weil er mit nach Hause wollte. Wie bei vielen Kindern war bei ihm nach wenigen Minuten wieder alles gut und er hatte eine schöne Zeit in der Kita. Als ich ihn abholte, lief er mir mit einem strahlenden Lächeln entgegen. Dennoch wollte ich ihn nicht jeden Morgen diesem Stress aussetzen. Und er verhielt sich ja nicht so, um mich zu ärgern, sondern ist mit so viel Veränderung nicht klargekommen. Das Jahr 2020 wird mit all seinen Ausprägungen für die meisten Menschen nicht leicht gewesen sein. Auch meine Kinder blieben davon nicht verschont und er war auch noch klein. Also haben wir besprochen, dass er einen Tag pro Woche zu Hause bleiben darf und kürzer als sonst in die Kita geht. So bekam er das, was er brauchte, und konnte sich an all die Veränderungen gewöhnen. Mit Geduld, Empathie und einer individuellen Lösung ging es jeden Tag besser und nach zwei Wochen winkte er mir beim Abschied nicht einmal mehr, was er sonst immer getan hatte. Damit musste ich dann wohl klarkommen. Diesen Zustand konnten wir etwa vier Wochen genießen, bis der zweite Lockdown kam. Es hat mir das Herz zerrissen, ihn gerade zu diesem Zeitpunkt nicht mehr in die Kita bringen zu dürfen. Aber ich wusste, dass wir es schon einmal geschafft hatten, und es auch ein weiteres Mal schaffen würden. Er hatte gelernt, sich auf Veränderungen einzustellen und mit ihnen klarzukommen. Eine neue Fähigkeit, die er immer wieder in seinem Leben brauchen würde und die ihm sehr nützlich sein wird.

Übung: Übergangsrituale nachholen

In Zeiten von Corona mussten viele Erwachsene und auch Kinder auf Übergangsrituale verzichten, da sie schlichtweg verboten waren.

Gut, dass es NLP gibt und die Erkenntnis, dass auch die Bewertung vergangener Ereignisse veränderbar ist. Unser Gehirn kann nicht wirklich unterscheiden, was sich mental und was sich real ereignet. Unser Gehirn denkt in inneren Bildern und Metaphern. Vielleicht bist du der Meinung, dass deine Schulzeit einfach abgebrochen wurde – ohne wirklichen Abschluss. Du kannst dir das dazugehörige Bild vorstellen. Wie sieht die Schulzeit in deinem inneren Bild aus? Woran erkennst du die Bruchstelle? Und wie sollte dieses Bild aussehen, wenn die Schulzeit einen richtigen Abschluss gefunden hat?

Wenn du dein inneres Bild erforscht hast, kannst du es neugestalten – diesmal bitte mit korrektem Abschluss. Wenn du magst, kannst du dieses Bild malen. Wenn du keine Lust dazu hast, kannst du es dir auch nur in Gedanken ausmalen und dabei darauf achten, wie sich dein Empfinden verändert, wenn du dich dazu entscheidest, das Ende deiner Schulzeit von nun an auf die neue Art und Weise zu betrachten. Nachfolgend findest du hierzu ein schematisches Beispielbild.

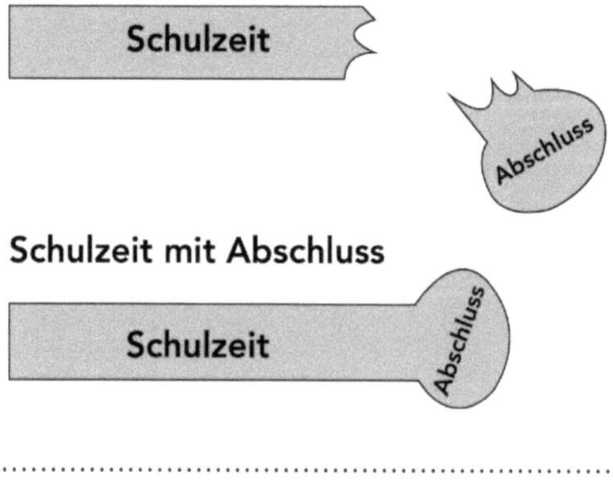

Raum für deine eigenen Bilder

Ausgangsbild:

Verändertes Bild:

Was hat dieses Vorgehen mit NLP zu tun? Unser Gehirn verarbeitet Informationen in Form von Metaphern (inneren Vergleichen in Form von Bildern). Für komplexe Inhalte findet es vereinfachte Bilder, die diese Inhalte symbolisch darstellen. Greift man diese inneren Bilder auf und verändert sie so, dass sich der betroffene Mensch anschließend gut fühlt, ist das Problem üblicherweise gelöst.

So kann sich in einer blockierenden Mauer beispielsweise eine Tür öffnen; oder ein gebrochenes Herz kann wieder zusammenwachsen und heilen; oder eine abgebrochene Schulzeit kann einen runden Abschluss finden oder, oder, oder.

TIPPS FÜR EINEN ENTSPANNTEN ALLTAG

Der Elternalltag bietet genug Möglichkeiten für Chaos und den ganz normalen Wahnsinn. Um dem zu entgehen und entspannt als Familie durch den Tag zu kommen, gibt es einige Optionen.

Feste Abläufe etablieren

Strukturen geben Sicherheit und helfen, Zeit zu sparen. Routinen laufen ganz von allein ab, sie erfordern nicht viel Aufmerksamkeit. Du kannst sie also nebenbei erledigen und sie geben aufgrund ihrer immer wiederkehrenden Abläufe Sicherheit. Es lohnt sich also, den Alltag einmal unter die Lupe zu nehmen und zu schauen, wo einige Routineabläufe angepasst oder andere eingeführt werden können.

Schlafenszeit

Im Vorfeld feste Schlafenszeiten und einen festen Ablauf festzulegen, erleichtert das abendliche Ins-Bett-Bringen der Kinder erheblich. Wenn jeder weiß, was zu tun ist, dann gestaltet es sich auch nicht so schwer. Der Vorgang automatisiert sich im Laufe der Zeit und läuft irgendwann von ganz allein ab. Auch der Körper kann sich darauf einstellen. Wenn es nichts Aufregendes, Neues oder anderes zu tun gibt, kann der Geist zur Ruhe kommen. Routinen sind langweilig und helfen damit auch, in den Abendmodus zu kommen.

Überlege vorab, was vor dem Schlafengehen erledigt werden muss und welche Reihenfolge Sinn ergibt.

Auch kleine Kinder können schon lernen, aus den von den Eltern hergerichteten Kleidungsstücken eine Anziehstraße für den nächsten Morgen zu legen. Die Sachen werden in der Reihenfolge auf den Boden gelegt, in der sie am nächsten Morgen angezogen werden sollen. Die Kinder lernen so, wie sie etwas gut vorbereiten, welche Kleidung in welcher Reihenfolge angezogen wird, und vor allem kommt es am Morgen zu keiner eventuellen Diskussion darüber, was angezogen werden soll. Das wird am Abend davor geklärt – ganz in Ruhe. Auch hier gilt: Vermeide ein Dilemma! Wenn es nur die Wahl deines Kindes und deine eigene gibt, dann wird sich einer immer als Verlierer fühlen. Macht es euch nicht unnötig schwer. Lass dein Kind aus drei Vorschlägen wählen. So fühlt sich niemand übergangen und ihr kommt sicherlich zu einer Lösung. Schließlich kann das Kind noch immer eine Wahl treffen, muss seine eigene Wahl nicht aufgeben, um Mamas Wunsch gerecht zu werden. Auf diese Weise bringst du deinem Kind dauerhaft vorteilhafte Strategien bei.

Ebenso verhält es sich mit den anderen Abendroutinen. Arbeite dich von einem Raum in den nächsten vor. Ein Hin und Her zwischen den Räumen führt zu einer unnötigen Unruhe. Besonders schön ist es natürlich, wenn am Ende solch einer erfolgreich absolvierten Routine etwas Schönes für das Kind wartet, wie etwa noch genug Zeit für eine Gutenachtgeschichte; oder wenn es größere Kinder sind, noch einen Moment etwas Ruhiges spielen zu dürfen oder eine CD anhören zu dürfen. So kann auch ein stressiger Tag ruhig ausklingen.

Biorhythmen und Einschlafphasen

Eltern sollten wissen, dass Menschen – auch kleine Kinder – nicht zu jeder Zeit einschlafen können. Es gibt sogenannte Biorhythmen, die im Körper ablaufen. Das kennst du bestimmt von dir selbst. Wenn du einmal länger aufgeblieben bist als üblich, weil du zum Beispiel Besuch hattest, dann wirst du nach einer kurzen Phase der Müdigkeit wieder hellwach sein, und das für ca. eineinhalb bis zwei Stunden. Erst danach wirst du wieder müde und kannst einschlafen.

So funktioniert das auch schon bei den Kleinsten, die mit ihrem individuellen Biorhythmus geboren werden. Stell dich also darauf ein, dass dein Kind – wenn es einmal die Einschlafphase überschritten hat – bis zur nächsten Einschlafphase wach bleibt. Es macht dann keinen Sinn, das Kind dennoch ins Bett zu bringen, denn es kann erst wieder in eineinhalb bis zwei Stunden einschlafen und wird nur wenig Lust dazu haben, schlaflos im Bett liegen zu bleiben. Den Stress kannst du dir ersparen, indem du deinem Kind ausnahmsweise gestattest, noch zu spielen und erst rechtzeitig zur nächsten Einschlafphase ins Bett zu gehen. Das ist deutlich nervenschonender für alle Beteiligten.

Wecker und Co.

Aufstehen ist so eine Sache für sich. Es gibt Frühaufsteher und Morgenmuffel. Manche überhören den Wecker, andere wachen schon beim ersten Sonnenstrahl auf. Ein Patentrezept hierfür gibt es nicht, aber einige gute Helfer und Tricks.

Kleine Geschichte vom Aufwachen

Meinen (Kirstens) älteren Sohn zu wecken, war schon immer schwer. Ich hatte stets meine liebe Not, ihn wach zu bekommen. Da half auch kein freundliches „Aufwachen, es ist Zeit, aufzustehen." oder die Decke weiter nach unten zu ziehen, damit es im Bett nicht mehr ganz so gemütlich ist. Alle Versuche, ihn morgens zu einer angemessenen Zeit zu wecken, waren vergeblich. Ein Wecker hat auch nichts gebracht. Wir hatten ihn einmal versehentlich auf meine Zeit eingestellt und nicht auf seine und was passierte? Ich purzelte in meinem Zimmer aus dem Bett, aber mein Großer lag sanft schnarchend im Land der Träume, während neben ihm der Wecker schrillte. Von da an wusste ich, dass ich für ihn für die Schule definitiv eine andere Lösung finden musste. Ich hatte schon einmal von Weckern gehört, die mit Licht arbeiten, indem sie Sonnenaufgang simulieren und so den Körper beim Aufwachen unterstützen. Solch ein Ding stellte ich meinem Sohn aufs Nachtschränkchen und stellte den sanften Lichtstart auf 20 Minuten vor der eigentlichen Weckzeit. Klaviermusik, Vogelgezwitscher oder ein anderes Geräusch sollten ihn wecken. Und siehe da, es funktionierte! Kein nerviges: „Steh jetzt endlich auf, es wird höchste Zeit!" mehr. Er hat nun die Zeit, die er braucht, und ich muss nicht ständig in sein Zimmer und versuchen, ihn wach zu bekommen. Für alle Beteiligten ist das ein viel angenehmerer Start in den Tag. Die Investition in den Wecker hat sich auf jeden Fall gelohnt.

Schultasche vorbereiten

Ein wichtiger Punkt für den Start in die Schulzeit ist es, dass die Kinder immer alle Sachen zur Hand haben und gut vorbereitet sind. Wenn das direkt zu Beginn gut eingeübt wird, gibt es in der Hinsicht vermutlich viele Jahre keine Probleme mehr. Hierzu zählt es auf jeden Fall auch, täglich die Schultasche vorzubereiten. Das kann Teil der abendlichen Routine sein, kann aber auch direkt nach den Hausaufgaben erledigt werden. In manchen Schulen werden hierfür sogar Checklisten ausgeteilt.

Zu Kitazeiten ist es sinnvoll, wenn die Kinder bereits lernen, dass sie ihre Brotdose beim Aufhängen der Tasche zu Hause direkt ausräumen und entweder ihrer Mutter oder ihrem Vater geben. Wenn sie schon älter sind, können sie diese auch in die Küche zur Spüle bringen. So gibt es über das Wochenende keine Brotdosenmonster und die Kinder lernen, sich um ihre Dinge zu kümmern. Wenn dann die Schulzeit beginnt, sind diese Abläufe schon Routine.

Heutzutage können die Kinder viele Hefte und andere Materialien in der Schule lassen und nur die Dinge mitnehmen, die sie auch wirklich benötigen. Es ist für die Erledigung der Hausaufgaben also auch wichtig, dass die Kinder eine Übersicht über ihre Unterlagen haben, damit sie alles dabeihaben und nicht die Hälfte der Lernmaterialien vergessen.

Falls deine Kinder keine Checkliste bekommen, dann erstelle doch selbst eine:

- Sind alle Hausaufgaben erledigt?
- Hat dein Kind alle Mappen, Hefte und weiteren Lernmaterialien für den nächsten Tag eingepackt?
- Ist das Etui eingepackt und sind alle Sachen drin?
- Sind Kleber und Schere dabei?
- Und die Sportsachen?

Sockenterror

Sockenterror kennst du nicht? Bis vor einigen Monaten kannte ich ihn auch nicht, bis mir eine Mutter vom allmorgendlichen Sockenterror erzählte. Es gibt Menschen, die sehr empfindlich auf die Naht oder das Bündchen der Socken reagieren. Wenn es nicht gut sitzt, kann die Socke partout nicht am Fuß bleiben! Also muss ein neues Paar her. Aber das geht auch nicht. Also noch ein weiteres Paar aus der Schublade nehmen und ausprobieren. So liegen nach einiger Zeit zig Paare Socken auf dem Boden – natürlich nicht mehr zusammengelegt. Ein passendes befindet sich aber noch nicht an den Füßen. Die Zeit wird knapp, die Mutter ist genervt, das Kind bockig. Was für ein toller Start in den Tag! Solch ein Szenario funktioniert etwa auch mit „Ich trage nur rosa Kleidung.", „Ich ziehe nur mein Fußballtrikot an." oder anderen Kleidungsideen der Kleinen. Jeden Tag das gleiche Spielchen. Die Mama gibt sich anfangs Mühe und will es irgendwie hinbekommen. Nach einigen Tagen nervt es aber. Irgendwann denkt Mama nur noch: „Dieses Kind!" Das Problem wird aber nicht besser, sondern nur noch schlimmer, da der Stresspegel bei allen Beteiligten kontinuierlich steigt. Doch was kann solch eine Situation ändern? Beim Sockenterror war es noch recht einfach: Ein Nachmittag, eine Mama, ein Kind und ein ganzer Korb voller Socken. Das Kind probierte jedes Paar Socken an und nur die Paare, die am Fuß gut sitzen, bleiben. Problem gelöst.

Als Inspiration für eine Lösung von Kleidchen- und Trikotproblemen kommen an dieser Stelle noch einige Tipps: Wenn bestimmte notwendige Kriterien erfüllt sind, wie dass die Kleidung zum Wetter passt, dann darf das Kind wählen, was es anziehen möchte. Geschmäcker sind unterschiedlich und diese Tatsache muss nicht zu Diskussionen führen. Wenn sich das Kind mit seiner Wahl wohlfühlt, dann ist das die Selbstwirksamkeit des Kindes, auch wenn ich als Mutter oder Vater die Wahl farblich nicht gerade gelungen finde. Selbstwirksamkeit schlägt schick aussehen aus Elternsicht.

Übung: Anziehstraße

Die Anziehstraße ist eine schöne Routine, um morgens Zeit zu sparen, dem Kind Selbständigkeit beizubringen und es Selbstwirksamkeit spüren zu lassen. Sobald die Anziehstraße etabliert ist, beobachte, wie sich diese Routine auswirkt. Sie findet abends zwischen dem Abendessen und der Ins-Bett-gehen-Zeit statt. Je nachdem, wie es bei euch passt. Die Kleinen können sich das auch gerne bei den größeren Kindern abschauen. Solche Synergieeffekte können Eltern immer gut nutzen. Warum sollen sich die Kleineren nur den Quatsch der Großen abschauen. Wichtige Aspekte, die es zu beachten gilt, sind folgende:

1. Wie ist das Wetter am nächsten Tag, denn danach richtet sich die Kleidung.
2. Unterwäsche, Socken, Leggins (evtl. Strumpfhose, je nach Wetter) vom Kind aus dem Schrank holen lassen und in der Reihenfolge auf den Boden legen, wie es morgens angezogen werden soll.
3. Mit Oberteil, Hose, Rock oder Kleid ebenso verfahren.
4. Sollen noch Accessoires dazukommen? (Haarreifen, Spangen, Armbänder, Käppi…)
5. Fertig.
6. Am nächsten Morgen können die Kinder sich dann an der Anziehstraße entlangarbeiten. So kennen sie die Reihenfolge. Für kleine Kinder ist es auch schön, wenn sie sich mit Mama um die Wette anziehen und vielleicht auch noch gewinnen. So starten sie direkt fröhlich in den Tag.

Manchmal ist es auch für die Eltern praktisch, nach dieser Vorgehensweise zu verfahren. Das erspart morgens einige Minuten vor dem Kleiderschrank. Außerdem gibt ein kleiner morgendlicher Wettstreit darüber, wer zuerst mit der Anziehstraße fertig ist, einen Motivationsschub für den Tag.

Die Anziehstraße ist aus NLP-Sicht eine Strategie (wichtig ist eine festgelegte, möglichst kurze Reihenfolge) und das in doppelter Hinsicht: Ich plane bereits am Abend, was am nächsten Morgen nur noch abgearbeitet werden muss. Für diesen Plan gibt es klare Kriterien, wie beispielsweise zum Wetter passende Kleidung, die Möglichkeit gut gelaunt und zügig zu starten und eine Routine zu erzeugen. Am Morgen selbst ist die korrekte Reihenfolge der Kleidung bereits vorgegeben und muss nur noch umgesetzt werden. So lernen Eltern und Kinder, sinnvoll und rechtzeitig zu planen, dabei wichtige Grundsätze zu beachten und eine sinnvolle Routine nicht immer wieder aufs Neue zu überdenken – außer es treten Fehler auf, die auf Verbesserungsmöglichkeiten hinweisen.

NLP beschäftigt sich mit sinnvollen Reihenfolgen, die Strategien genannt werden. Bei allem, was wir tun und denken, folgen wir inneren Strategien, die nützlich oder weniger nützlich sein können. Die Anziehstraße zeigt dem Kind die richtige Reihenfolge auf und gewöhnt es zudem daran, erst zu denken und dann zu handeln.

Hat ein Kind einmal erkannt, dass eine geschickte Planung und die passende Reihenfolge von Denk- und Handlungsschritten das Leben erleichtern, ist es bereit dazu, auch weitere sinnvolle Strategien zu erlernen. Es versteht, was eine Strategie ist, und kann herausfinden, worauf es ankommt, wenn es sich bei anderen Personen eine erfolgreiche Strategie abschaut.

Grenzen geben Sicherheit

Dies ist noch immer nicht mein Lieblingsthema. Grenzen setzen finde ich (Kirsten) zwar noch vergleichsweise leicht. Doch konsequent zu sein ist wiederum etwas anderes. Ich finde das unheimlich anstrengend und kräftezehrend, denn es erleichtert meinen Alltag auf den ersten Blick nicht. Konsequenz kann für Tränen oder Wut sorgen; wenn ich Glück habe, bei meinem Großen auch für Verständnis. Du vermutest richtig, wenn du davon ausgehst, dass ich definitiv nicht immer konsequent bin.

Ich (Gudrun) meine, dass das, was Kirsten schreibt, nur eine übergeordnete Art der Konsequenz ist, nämlich: konsequent die Stimmung und Belastbarkeit aller Parteien zu berücksichtigen und konsequent menschenfreundlich zu handeln. Haben Eltern und/ oder Kinder gerade schlechte Laune, so muss ich diese nicht noch mit konsequentem Beharren auf Regeln belasten. Grenzen einüben kann ich auch an guten Tagen. An schlechten Tagen reichen schon die von Natur vorgegebenen Grenzen, die Menschen einhalten müssen, um sich und andere nicht zu gefährden oder zu verletzen.

Sinn und Zweck von Grenzen

Grenzen bilden letztendlich einen Rahmen, in dem sich ein Kind sicher bewegen kann, um dort seine Fähigkeiten kennenzulernen, zu üben und Sicherheit zu erlangen. Solange ein Kind sich noch in dieser Phase befindet, ist es mit seinen Grenzen im Allgemeinen auch zufrieden. Später möchte es dann mehr: weitere Grenzen und einen neuen Raum, in dem es zwar geschützt ist, aber auch genug Neues hat, um zu lernen, auszuprobieren und zu wachsen.

Anfangs bildet noch das Laufställchen die Grenze. Grenzen erweitern sich aber mit der Zeit und dann geht es darum, ob das Kind allein den Schulweg bewältigen kann, allein zu einem Freund gehen kann oder mit dem Fahrrad fährt.

Grenzen müssen also immer dem Alter und den Fähigkeiten des Kindes entsprechen. Dazu gehört auch, dass sie regelmäßig überprüft und – falls erforderlich – angepasst werden. Sie sollen unseren Kindern helfen, in einem sicheren Rahmen neue Fähigkeiten zu erproben, Sicherheit geben und Selbstständigkeit ermöglichen. All dies sind lebenserhaltende Grenzen. Es gibt natürlich auch andere Grenzen, wie etwa Umgangsformen, Essensmanieren oder das Sozialverhalten.

Bei der Missachtung zahlreicher Grenzen ist nicht gleich das Leben des Kindes gefährdet. Diese Grenzen müssen nicht auf Biegen und Brechen eingehalten werden. Was dabei hilft, Grenzen zu setzen, und welche Grenzen angemessen sind, erfährst du in unserem Buch ***Auch Mamas sind mal wütich!***.

Übung: Rollentauschregeln erproben

Eigene Erfahrungen helfen auch Eltern. Warum also nicht mal die Regeln, die du deinen Kindern vorgibst, am eigenen Leib erleben? So kannst du besser abwägen, ob diese Regeln (noch) Sinn machen, oder ob es sich um zu viele oder nicht mehr zeitgemäße Grenzen handelt. Mach einfach einmal einen Rollentausch, vielleicht folgendermaßen:

1. Halte dich einen Tag lang an die Regeln, an die sich dein Kind halten soll, und sage deinem Kind, dass es sich so verhalten soll, wie du es tust, wenn das Kind sich an die Regeln hält bzw. diese übertritt.
2. Lass deinem Kind die Freiheit, so zu schauspielern, wie es dich als Elternteil in diesen Momenten wahrnimmt. Sage nicht direkt, dass das, was es spiele, doch nicht stimme, sondern sei neugierig und beobachte genau, welchen Spiegel dir dein Kind vorhält. Dein Kind empfindet es so. Auch Übertreibungen gehören mal dazu und können ein stilistisches Mittel sein.
3. Spreche mit deinem Kind im Anschluss über das Experiment. Überdenke mithilfe des Gesprächs und deiner neu gesammelten Erfahrungen die aktuellen Regeln und deine Reaktionen auf das Einhalten und das Übertreten einer Regel.
4. Im NLP nennt man das oben beschriebene Vorgehen einen Positionswechsel. Ich schlüpfe einmal komplett in die Rolle einer anderen Person, mit der ich zu tun habe, um aus deren Sicht heraus zu prüfen, wie es sich anfühlt, mit mir selbst zu tun zu haben. Das kann sehr hilfreich sein, um die Reaktionen anderer und ihr Weltbild zu verstehen. Ich habe dadurch die Möglichkeit, zu lernen, was ich besser machen kann, um in Frieden mit meinen Mitmenschen zu leben und die Bedürfnisse aller Beteiligten zu berücksichtigen.

Fünfe gerade sein lassen

Im Lied von Pipi Langstrumpf heißt es: „Zweimal drei macht vier Widdewiddewitt und drei macht neune."

Wenn du diese Aussage einmal genau betrachtest, geht es nicht nur darum, dass zweimal drei eben nicht vier ergibt, sondern, dass die Rechnung im Endergebnis doch wieder richtig ist. Es gibt also nicht immer nur einen Weg, um ein Ziel zu erreichen. Manchmal ist eben zweimal drei vier, weil es in dem Moment für alle Beteiligten einfach besser ist.

Solche Momente sehen häufig folgendermaßen aus: Du möchtest zwar alles nach deinen wohlstrukturierten Plänen, bewährten Regeln und gut durchdachten Systemen erledigen, aber dann kommt im Alltag mit Kindern der Auftritt der vorhersehbaren Unvorhersehbarkeit: Ein Kind wird krank, das Auto geht kaputt, du hast den Einkauf vom Bäcker an der Theke liegen gelassen oder Gott bewahre: Die Mama wird krank!

Und schon kommt das gesamte Gerüst ins Wanken. Schnell umdenken, restrukturieren, neu organisieren und schon kann es weitergehen. (Denk daran, all diese erprobten Fähigkeiten in deiner nächsten Bewerbung oder Gehaltsverhandlung zu erwähnen.) Es muss nicht alles perfekt passen. Lass mal fünfe gerade sein – auch so kommst du ans Ziel. Wenn du im Stress bist, musst du auf dem Tisch nicht auch noch die drei Krümel vom Mittagessen wegwischen, die Kinder können ruhig auch mal außer der Reihe 20 Minuten Fernsehen schauen, damit du alles organisieren kannst, und auch die Hausaufgaben können mal zu einer anderen Zeit gemacht werden. In Ausnahmesituationen ist es bestimmt auch in Ordnung, als Eltern einen Brief an die Lehrer zu schreiben, in dem erklärt wird, dass es dem Kind an dem Tag aus dem Grund XY nicht möglich war, die Aufgaben zu erledigen. Es geht darum, das Wesentliche, das Notwendige zu schaffen, und auf dem Weg dorthin wäre es zwar schön, wenn alles wie immer funktionieren würde, aber du darfst eben auch auf einem anderen Weg zum gewünschten Ziel kommen. Lass für das große Ganze auch mal fünfe gerade sein, denn in Stresssituationen noch mehr Stress zu erzeugen, nur um „alles richtig zu machen oder alles zu schaffen", tut niemandem gut. Das ist sogar kontraproduktiv, da das Gehirn unter Stress nicht gut denken kann. Es ist dann auf Flucht ausgelegt. Flüchten hilft zwar bei Säbelzahntigern und Höhlenbären, aber garantiert nicht bei der Frage, wie ich den Arztbesuch eines Kindes mit anschließendem Apothekenausflug organisiert bekomme – im abendlichen Notdienst mit zwei weiteren kleinen gesunden Kindern.

Kleine Geschichte zum Thema „fünfe gerade sein lassen"

Mir (Kirsten) fällt hierzu die Geschichte von Julian ein, als er fast fünf Jahre alt war. Er hatte ein Experiment gestartet, indem er sich eine einzelne Hand aus Lego in die Nase gesteckt hat. Ich saß nicht einmal einen halben Meter daneben und spielte mit Cederic, meinem Kleinen. Auf einmal sagte Julian: „Die Hand geht nicht mehr raus!" und ich nur: „Welche Hand"? Als ich begriff, was er meinte, fragte ich entsetzt, warum er das gemacht hatte, da er sonst ein recht vernünftiges Kind ist, das so etwas nicht macht. Er antwortete trocken, dass er wissen wollte, ob die Hand auch wieder von allein herauskomme. Ich hätte in dem Moment wirklich in die Tischkante beißen können. Natürlich ist sie nicht von allein wieder herausgekommen. Dieser Vorfall ereignete sich eine Stunde vor dem Abendessen, sodass der kleine Babybruder einen Ausflug in die Notaufnahme nicht entspannt mitgemacht hätte. Zum Glück war in dem Moment unsere Babysitterin zum Spielen da und so konnte sie die Viertelstunde auf Cederic aufpassen, bis die Oma übernehmen konnte, damit ich mit Julian in die Notaufnahme fahren konnte. Gemeinsam mit dem Großen versuchte ich, möglichst ruhig und langsam zu atmen, damit die Hand nicht noch weiter in die Nase wandert und nicht noch mehr Panik aufkommt – bei Mutter und Kind. Ich versuchte, das weinende und nun panische Kind zu beruhigen, während zwei Ärztinnen es nicht schafften, die Legohand aus seiner Nase zu bekommen. Sie redeten bereits davon, dass Julian mit einem Hubschrauber in eine Spezialklinik gebracht werden sollte, obwohl wir die Hand gut sehen konnten! Ja, in solchen und anderen stressigen Situationen solltest du fünfe gerade sein lassen, um Stress zu reduzieren. In meiner Handtasche befand sich eine kleine Packung Kekse, für den Notfall, und die hat Julian später an dem Abend auch bekommen. Obwohl das natürlich kein ordentliches Abendessen ist, war es in dem Moment genau richtig. Kekse können als Abendessenersatz auch mal absolut in Ordnung sein!

Beim Thema nicht immer alles zu ernst zu nehmen muss ich auch an die Medizin unseres tollen Kinderarztes denken, die nicht nur dem Köper guttut, sondern auch der Seele. Dass das seelische Wohlbefinden zum Genesungsprozess beiträgt, ist mittlerweile allgemein bekannt. Neben der klassischen Medizin eines Kinderarztes bekommen wir von ihm auch besondere Medizin: Bei Halsschmerzen natürlich wohltuendes, kühlendes Wassereis. Bei Ohrenschmerzen sind neben Kinderkaugummis Gummibärchen die erste Wahl. Krankheit bedeutet Stress und wenn dieser reduziert werden kann, indem du der Seele deines Kindes etwas Gutes tust (etwa mit einem Eis) und gleichzeitig auch etwas gegen die Beschwerden tun kannst, ist das doch wunderbar. Und wen interessiert es da, ob es das zweite oder dritte Wassereis ist, solange es dem Patienten besser geht.

Falls du dich jetzt fragst, ob Julian mit der Legohand in der Nase wirklich in eine Spezialklinik geflogen werden musste, kann ich dich beruhigen. Nachdem ich kurz davor war, die Legohand selbst aus der Nase zu holen, versuchten die beiden Ärztinnen es doch noch ein letztes Mal – mit Erfolg.

Taschengeld

Das Thema Taschengeld ist eine komplexe Angelegenheit, finde ich. Die Höhe des Taschengeldes hängt davon ab, wie viel Einkommen einer Familie zur Verfügung steht, wie sie grundsätzlich zu Geld steht und wie die Eltern ihren Kindern den Umgang mit Geld beibringen möchten.

All diese Faktoren nehmen Einfluss darauf, ob, wann, wie viel und wofür Kinder Taschengeld bekommen. Als mein Mann und ich anfingen, uns über dieses Thema Gedanken zu machen, war unser ältester Sohn noch recht klein. Ich war der Ansicht, er brauche noch nicht unbedingt Taschengeld, aber den Umgang mit Geld zu lernen, fand ich wichtig. Also habe ich im Netz nach Taschengeldtabellen gesucht. Ich erhoffte mir einen Richtwert, der das Alter des Kindes mit der Höhe des Taschengelds in Verbindung setzt, und wurde auch fündig. Nachdem ich diese Tabellen angeschaut hatte, erhielt unser Sohn sein erstes Taschengeld. Wir starteten mit 50 Cent pro Woche. Er bekam ein kleines Umhänge-Portemonnaie und wenn wir in die Stadt gingen, nahm er es stolz mit. Es hätte ja sein können, dass er etwas kaufen wollte. So lief das auch einige Zeit. Gekauft hat er sich aber nie etwas, da er sich viel zu sehr über das Taschengeld freute und die Münzen sammeln wollte. Wollte er ein Spielzeug haben, dann war es viel zu teuer, als dass er es sich hätte von seinem Taschengeld kaufen können. Da waren dann Mama und Papa gefragt. Das ist auch in Ordnung, nur leider konnte er den Umgang mit Geld so nicht lernen. Er war ja ein kleiner Sparfuchs.

Mit Taschengeld den Umgang mit Geld erlernen

Etwa ein halbes Jahr nachdem mein Ältester sein erstes Taschengeld bekommen hatte, kamen Gudrun und ich während eines Gesprächs auf das Thema Taschengeld. Ich erzählte ihr, wie das bei uns ablief. Und sie berichtete mir, wie sie dieses Thema mit ihren Kindern gehandhabt hatte. Sie war der Meinung, dass der Umgang mit Geld nur erlernt werden könne, wenn das Kind auch Geld zur Verfügung habe. Das war mir auch klar und darum hatte mein Sohn ja auch welches bekommen. Aber Gudruns Gedanken führten noch weiter.

Wie viel kostet eine Kugel Eis in eurer Lieblingseisdiele? In unserer sind es 1,20 Euro. Vermutlich liegt der Preis mittlerweile bei 1,30 Euro oder noch höher. Und jetzt stell dir einmal vor, du gehst im Sommer mit deinem Kind in die Stadt und es hat stolz sein Taschengeld dabei. Es sieht die Eisdiele, das Wetter ist perfekt und ein Eis wäre jetzt wirklich genau das Richtige. Nur wie soll das Kind eine Kugel Eis kaufen, wenn es dafür drei Wochen sparen muss? Das ist mehr als frustrierend – und der Sommer ist dafür hierzulande auch viel zu kurz. Den Umgang mit Geld könne ein Kind auf diese Weise wirklich nicht lernen, war Gudrun der Meinung.

Ich dachte über Gudruns Erzählung nach und fand ihre Argumente sinnvoll und nachvollziehbar. So bekommt mein Sohn seitdem eine große Taschengelderhöhung und soll sich seither davon Spielzeug, Eis und weitere kleine Dinge, die er haben will, von nun an selbst kaufen. Er kann sich jetzt genau überlegen, wofür er sein Taschengeld ausgeben möchte und wofür nicht; und ob ihm ein bestimmtes Spielzeug oder eine bestimmte Sache das Geld wert ist. Natürlich bezahlen wir Eltern ihm auch ein Eis, wenn die ganze Familie Eis essen geht. Es geht uns aber darum, dass er seine persönlichen Bedürfnisse mit seinem Taschengeld abdeckt. Seitdem überlegen wir mit ihm genau, wie lange er für etwas sparen muss, ob es diese Sache irgendwo im Angebot gibt oder ob sie auch gebraucht zu kaufen ist. Jetzt sagt er häufig: „Das ist es doch nicht wert." oder „Da warte ich lieber noch. Das ist noch zu teuer." Besonders süß ist es, wenn er sich mit seinem kleinen

Bruder zusammentut und die beiden sich gemeinsam etwas kaufen wollen. Bei dem Kleinen helfe ich geldtechnisch noch aus, da er nun doch noch etwas zu jung dafür ist, mehr Geld zu bekommen. Aber auch er versteht schon, dass er auch einmal sparen muss oder sich mit seinem Bruder zusammentun sollte, wenn er etwas haben möchte. Natürlich kommt es immer wieder auch zu etwas unfairen Beeinflussungsversuchen des Großen, bei denen ich dann einschreite, damit er den Kleinen nicht über den Tisch zieht. Aber auch hier findet ein fairer Austausch statt.

Natürlich gibt es immer noch Situationen, etwa wenn es um einen großen Wunsch geht, in denen sich die beiden Gauner abgesprochen haben und einen Finanzierungsplan ausgearbeitet haben, den sie mir dann vorstellen. Dann stehen sie strahlend vor mir und erklären mir genau, was sie sich wünschen, warum diese Sache so toll ist, und dass sie ganz bestimmt immer damit spielen werden. Dann erklären sie, wer welchen Anteil der Kosten tragen soll. Und auch damit haben sie manchmal Erfolg, denn es gehört auch zum Leben dazu, seine Ideen anderen überzeugend zu präsentieren; mit anderen zusammen auf ein Ziel hinzuarbeiten und einen Plan zur Umsetzung zu schmieden. Und im Pläneschmieden ist Cederic ein ganz Großer!

Ich (Gudrun) möchte dazu noch etwas ergänzen. Falls ihr in eurer Familie genügend Geld zur Verfügung habt, macht es auch Sinn, das Taschengeld der Kinder sehr großzügig zu gestalten. Wir haben mit unseren Kindern das wöchentliche Sparen eingeübt. Die Kinder bekamen den doppelten Betrag an Taschengeld und jeweils eine Spardose, in die sie jede Woche die Hälfte des erhaltenen Taschengelds warfen. Diese Spardosen wurden einmal im Jahr geleert und das Geld wurde bei der Bank auf ein Sparbuch eingezahlt. Die Geldmenge, die sich im Laufe eines Jahres angesammelt hatte, beeindruckte die Kinder sehr. Den Rest des Taschengelds hatten sie zur freien Verfügung.

Das hatte zur Folge, dass meine beiden inzwischen erwachsenen Kinder immer Geld zurückgelegt haben. Außer beim Kauf eines Hauses sind sie noch niemals auf die Idee gekommen, einen Kredit zu brauchen oder das Konto zu überziehen, weil sie schon immer einen Teil ihres Geldes auf die hohe Kante gelegt haben – ganz anders als viele Menschen ihres Alters.

Taschengeld nicht als Bestrafung einsetzen

Bestrafung ist ohnehin keine sinnvolle Maßnahme, damit Kinder erwünschtes Verhalten erlernen. Das klappt besser mit Belohnungen, durch gute Vorbilder und mit Einsicht. Eltern sollten Taschengeld auf gar keinen Fall als Druckmittel oder Bestrafung für gutes oder schlechtes Verhalten einsetzen; eben so wenig das klassische Fernsehverbot. Sinn und Zweck von Taschengeld ist es, den Umgang mit Geld zu lernen. Wenn es als Bestrafung gekürzt werden kann, können Kinder den Umgang mit Geld nicht gut lernen. Du würdest einem Kind ja auch kein Buch wegnehmen, mit dem es lesen lernen soll. Ebenso wenig werden Kinder freundlicher miteinander umgehen, wenn sie als Bestrafung für ständige Zankereien Fernsehverbot bekommen. Das steht in keinem Zusammenhang mit dem, was passiert ist. Wenn du dich also für einen bestimmten Betrag an Taschengeld entschieden hast, dann behalte ihn bei und verhandle mit deinem Kind an einem festen Tag im Jahr neu darüber, beispielsweise am Geburtstag oder zu Beginn des neuen Schuljahrs. Und falls der angesammelte Taschengeldbetrag zu groß wird, kannst du ihn auf ein Sparkonto einzahlen. Wenn das Kind nun doch etwas davon benötigt, kannst du ihm den Teil des Geldes, den es benötigt, wieder zur Verfügung stellen. Für ältere Kinder ab etwa zwölf oder dreizehn Jahren kannst du auch ein Kinderkonto eröffnen. Du kennst dein Kind am besten und kannst gemeinsam entscheiden, ob es schon so weit ist. Dies geht nur durch Erziehungsberechtigte und birgt für die Kinder und dich keinerlei Risiken, da es ein reines Guthabenkonto ist. Die Kinder können also nur das Geld abheben, das auch auf dem Konto ist, und können das Konto nicht überziehen. Spätestens mit dem ersten Job, mit dem sie ihr Taschengeld aufbessern, brauchen Teenager ein eigenes Konto.

Übung: Mit Geld umgehen lernen

Nimm von jeder Münzensorte eine und betrachte sie mit deinem Kind. Besprich den Wert der Münze, indem du ihm erklärst, was es dafür kaufen könnte; oder lege einmal zehn Eincentmünzen aufeinander, um deinem Kind zu zeigen, dass zehn Eincentmünzen genau so viel wert sind, wie eine Zehncentmünze. Auch den Wert der Geldscheine kannst du deinem Kind näherbringen, indem du zehn Eineuromünzen gegen einen Zehneuroschein einwechselst oder umgekehrt.

In einem nächsten Schritt kannst du auch mal dein Kind bezahlen lassen, wenn ihr einkaufen geht. Gib ihm das Geld, das die Kassiererin erhält, und lass es das Wechselgeld entgegennehmen und dir zurückgeben. Auch das sind erste wichtige Erfahrungen im Umgang mit Geld.

Mit Spielgeld im Kaufladen zu bezahlen, sich im Sommer vom ersten Taschengeld selbst ein Eis zu kaufen, mit dem Taschengeld auf dem Flohmarkt Spielzeug zu kaufen – all das sind für Kinder erste Berührungspunkte mit dem Thema Geld. Je nach Alter können die Rahmenbedingungen natürlich ausgebaut werden.

Was hat das mit NLP zu tun? Menschen denken in inneren Geruchs-geschmacks-fühl-und-hör-Filmen mit konkreten Beispielen. Geld ist ein abstraktes Konzept, das inzwischen direkte Tauschgeschäfte in vielen Teilen der Welt ersetzt hat. Münzen und Geldscheine haben einen viel geringeren Materialwert, der dem verabredeten Tauschwert nicht entspricht. Warum bekomme ich für ein Stück Papier einen ganzen Einkaufswagen voller Lebensmittel, wenn auf dem Papier eine bestimmte Zahl steht? Und warum bekomme ich anschließend auch noch zwei Stücke Papier und eine Hand voll Münzen zurück?

Das ist nicht logisch. Damit dein Kind erkennen kann, wie viel welche Münze und welcher Geldscheine Wert sind, braucht es Beispielbilder von mehreren konkreten Gegenständen, gegen die es diese Münze oder diesen Schein eintauschen kann. Diese Beispielbilder zeigen dem Kind den konkreten Wert des Geldes: die Dinge, die es im Tausch für das Geld erhält. Nur so kann dein Kind lernen, was Geld eigentlich ist.

Elterntaxi

Viele Eltern fahren ihre Kinder zur Schule, zu den Freunden, zu Freizeitterminen etc., um ihnen etwas vermeintlich Gutes zu tun.

Dies führt absurderweise dazu, dass beispielsweise vor Schulen besondere Gefahrenstellen entstehen. Dort halten morgens so viele Autos an, dass die wenigen Kinder, die zu Fuß gehen, den Verkehr beim Überqueren der Straße nicht überblicken können. Wenn Kinder noch klein sind, werden sie von Autofahrern auch leichter übersehen. Deshalb gibt es besondere Polizeieinsätze vor Schulen, die die Elterntaxis davon abhalten sollen, in der Halteverbotszone vor der Schule stehenzubleiben, um ihre Kinder dort sicher abzuladen.

Hinzu kommt, dass immer mehr Kinder unter Bewegungsmangel leiden und motorisch ungeschickt sind. Dabei würde es schon helfen, wenn sich die Kinder eine halbe Stunde am Tag an der frischen Luft bewegen würden. Das bedeutet, dass ein Schulweg zu Fuß diesen Bewegungsmangel bereits ausgleichen könnte. Zudem baut Bewegung Stresshormone ab. Somit kommen Kinder morgens locker in der Schule an und mittags entspannt nach Hause. Falls du deinen Kindern etwas Gutes tun möchtest, lass sie zu Fuß zur Schule gehen.

Ich (Gudrun) kann mich noch gut daran erinnern, dass ich an Tagen, an denen ich als Elterntaxi unterwegs war, abends fix und fertig war. Meine Kinder waren hingegen unausgelastet und drehten abends erst richtig auf. Deshalb beschloss ich, meine Kinder so wenig wie möglich mit dem Auto zu transportieren. Einkäufe wurden von diesem Zeitpunkt an zu Fuß erledigt. Auch in Netzen und Körben von Kinderwägen oder in einem Trolley haben viele Waren Platz. Unsere Wege gestalteten wir als kleine Ausflüge mit dem Bobbycar, Roller etc. So waren wir abends wenigstens alle gleich müde.

Natürlich fanden meine Kinder das Elterntaxi auch attraktiv. Als sie etwas älter waren, versuchten sie, mich davon zu überzeugen, dass ich sie zu Freunden, zum Tanzen, zur Musikschule etc. bringen sollte. Sie sagten mir, dass andere Eltern das auch tun würden. Nur ich sei so gemein und würde sie laufen lassen. Nun waren meine Logik und mein Verhandlungsgeschick gefragt. Ich kam zu dem Ergebnis, dass ich meine Kinder überall dorthin bringen würde, wo es mir wichtig war, dass sie auch wirklich ankommen, zum Beispiel bei der Musikschule. Nachdem sich die Begeisterung der ersten Musikstunden gelegt hatte, hätten meine Kinder notfalls auch auf den Musikschulbesuch verzichtet. Vor allem, nachdem sie erkannt hatten, dass Musizieren ebenfalls etwas damit tun hat, auch Lieder zu üben, die sie nicht nur toll fanden, schwankte ihr Elan von Woche zu Woche. Da es mir wichtig war, dass sie diese anfänglichen Hürden überwinden, um erste Erfolge zu erzielen und erst danach zu entscheiden, ob sie im nächsten Halbjahr wieder zur Musikschule gehen wollten, war dieser Weg das Elterntaxi wert.

Wenn sie sich mit ihren Freunden treffen wollten, fanden sie hingegen immer Mittel und Wege, um dort hinzukommen. Hierfür war das Elterntaxi nicht nötig.

Bei der Tanztruppe meiner Tochter fanden wir eine Sonderlösung: Der Ort, an dem das Tanztraining stattfand, war zu Fuß nicht erreichbar. Sie konnte mit dem Bus jedoch innerhalb einer halben Stunde gut dorthin kommen. Meine Tochter beklagte sich natürlich darüber, dass sie so lange unterwegs sei, und dass andere Eltern ihre Sprösslinge bringen würden. Also setzten wir uns zusammen und rechneten einmal aus, wie viel Zeitersparnis das Elterntaxi für meine Tochter einbrachte. Das war jeweils eine Viertelstunde für die Hin- und Rückfahrt, also insgesamt eine halbe Stunde. Ich erklärte meiner Tochter, dass ich durch den Fahrdienst zwei Fahrten von jeweils einer halben Stunde, also eine Stunde meiner Zeit und den entsprechenden Benzinverbrauch investieren würde. Die Alternative hierzu wäre für mich folgende: eine Viertelstunde Hinfahrt, eine Stunde warten, bis ihr Tanztraining beendet ist und eine Viertelstunde Heimfahrt. Das wären dann eineinhalb Stunden meiner Zeit mit nur einer Fahrt gewesen. Hinzu kam, dass ich in dieser Zeit meine Aufgaben nicht erledigen könnte. Meine Tochter hatte Verständnis für meine Argumente. Daraufhin vereinbarten wir, dass sie mit dem Bus fährt und ich in dieser Zeit meine Aufgaben erledige. Wenn sie dann wieder zu Hause sei, würden wir etwas Schönes zusammen machen. Sie dürfe bestimmen, was das sei. Was dennoch blieb, war ihr Imageverlust. Und so bat mich meine Tochter, sie ab und zu zur Tanzschule zu fahren, damit die anderen Kinder sehen würden, dass sie auch manchmal gebracht werde. Darauf konnte ich mich gut einlassen und das Problem war gelöst.

Freundschaften

Soziale Kontakte sind für Kinder unerlässlich. Ohne Sozialleben und auch körperlichen Kontakt geht es ihnen nicht gut. Durch mehrere Lockdowns mussten die Menschen in der nahen Vergangenheit die Erfahrung machen, mit nur sehr geringen sozialen Kontakten auskommen zu müssen und wie schwierig dies besonders für Kinder ist. Sie leiden sehr unter der Isolation. Für eine gute Entwicklung sind Freunde wichtig. Sie geben Geborgenheit, bieten Rückhalt, die Gelegenheit miteinander zu wachsen und Erfahrungen zu sammeln.

Freundschaften verändern sich

In der Kita ist Freundschaft oft noch rein auf das Spielen bezogen. Mit etwa drei Jahren beginnen Kinder, die ersten Freundschaften zu pflegen. Zu Beginn sind diese natürlich eher kurzfristig und zielorientiert: „Wenn du mit mir spielst, bist du mein Freund." Solche Sätze kennst du sicherlich auch von deinem Kind, und zwar nicht nur im Zusammenhang mit anderen Kindern. Ich habe schon oft von meinem damals Dreijährigen gehört, dass ich sein Freund bin, wenn ich das tue, was er in dem Moment gerne hätte. Er empfindet seine Freundschaft als wertvolles Tauschgut. Freundschaften können sich dann auch nach Spielinteressen bilden. Die Gruppen mischen sich immer wieder neu, je nach Interesse. Mit Freunden fühlen sich Kinder stärker, sie unterstützen sich gegenseitig. Freunde stärken ihr Selbstbewusstsein gegenseitig. Mit zunehmendem Alter werden aus diesen kurzen Spielfreundschaften längere Freundschaften. Die Kinder treffen sich dann auch im privaten Rahmen, spielen gerne zusammen in der Kita, haben sich viel zu sagen. Besonders begehrt als Freunde sind Kinder, die sich gut durchsetzen können, tolle Spielideen haben, von zuhause besonderes Spielzeug mit in die Kita bringen oder älter sind. Ältere Kinder sind aufgrund ihrer Größe und ihres Wissensvorsprungs besonders begehrt. Und sie genießen es dann auch, von vielen Kindern als Freund bezeichnet zu werden. Die Intensität einer Freundschaft und auch ihr Sinn und Zweck ändern sich. Zuerst geht es um Spielgefährten und einen Vorteil. Später stehen Nähe, Informationsaustausch und Gemeinsamkeiten im Mittelpunkt.

Freunde helfen einander

Mit Beginn der Schule verändern sich Freundschaften oft. Entweder, weil Kinder auf unterschiedliche Schulen gehen und sie sich nicht mehr so einfach sehen können, weil andere Interessen hinzukommen oder weil es Kinder im näheren sozialen Umfeld gibt, die sich untereinander einfach besser verstehen. Unabhängig davon bekommen Freundschaften auch eine neue Qualität. Nun geht es auch um Loyalität: Freunde helfen einander. Wenn ein Freund von anderen Kindern geärgert wird, helfen Freunde. Es gibt gemeinsame Erfahrungen wie den Schulweg, den man zusammen geht, oder die Zeit, die man gemeinsam in der Betreuung verbringt. Die Kinder unterstützen sich und machen die Erfahrung, dass sie sich gegenseitig helfen können und so stärker sind. Sie sind nicht allein. Es gibt nicht mehr nur Mama und Papa, sondern eben auch Freunde als wichtigen Bestandteil des sozialen Miteinanders. Mit Freunden werden andere und neue Erfahrungen gemacht – ohne die Eltern. Es gibt Geheimnisse, verbindende Erlebnisse und eine Stärkung des Selbstbewusstseins. Kinder empfinden auf diese Weise auch eine starke Selbstwirksamkeit und werden unabhängiger. Und Freundschaften sind ein wichtiger Teil dieses Prozesses.

Nicht alle Freundschaften tun gut

Es gibt auch Beziehungen, die Kindern nicht guttun. Beispielsweise, wenn sie womöglich nur einseitig sind; oder wenn ein Kind in der Freundschaftsbeziehung ständig das Opfer von körperlicher oder seelischer Gewalt ist. Freundschaften tun Kindern auch nicht gut, wenn die Kombination von zwei Kinder das Gruppengefüge der Kita sprengt, wenngleich es keine böse Absicht oder Ähnliches gibt. Manchmal gibt es einfach Synergieeffekte, die nicht sinnvoll sind und auch nicht guttun. Hierbei spielt das Alter der Kinder natürlich eine wichtige Rolle. Eltern werden einige Freundschaften manchmal mit Sorge beobachten. Einige Erzählungen aus der Kita lassen einen aufhorchen und das Gespräch mit den Erziehern suchen. Wie kannst du in solche einer Situation als Elternteil sinnvoll reagieren?

Zuerst einmal würde ich überlegen, warum die Freundschaft meinem Kind nicht guttut. Du kannst dein Kind fragen, wie es sich fühlt, wenn es mit dem betreffenden Kind spielt, ob es das als angenehm empfindet oder ob es sich besser fühlt, wenn es mit anderen Kindern spielt. Falls das der Fall ist, würde ich nachhaken, was besser daran ist, mit anderen Kindern zu spielen. Du kannst fragen, wie die Situation mit dem anderen Kind aussehen soll, damit dein Kind sich besser fühlt. Frag nach, was dein Kind selbst dazu beitragen kann und was es sich vom anderen Kind wünscht. All dies kannst du mit deinem Kind altersgerecht besprechen. Manchmal wird auch direkt von der Kita bei zwei Kindern eine Trennung innerhalb der Gruppe vorgenommen – zum Wohl beider Kinder und der Gruppe. Kontakte können von nicht wohltuend bis schädlich sein, die Bandbreite ist groß. Auch die Dauer des Kontakts zwischen den Kindern spielt eine Rolle, um zu beurteilen, ob ein Kontakt deinem Kind guttut oder nicht. Suche das Gespräch mit den Erziehern oder Lehrern, denn sie kennen alle Kinder und können deren Spielbeziehung und Freundschaft objektiver beurteilen. Das heißt nicht, dass dein Kind in seinem Empfinden unrecht hat. Auf keinen Fall! Es ist allerdings sinnvoll, sich für die Beurteilung einer Situation möglichst viele Informationen zu holen. Du kannst auch das Gespräch mit den Eltern des anderen Kindes suchen. Wenn es sich um körperliche oder seelische Gewalt handelt, solltest du das Gespräch mit den Erziehern und den anderen Eltern auf jeden Fall suchen. Lass dein Kind nicht unnötig leiden!

Miteinander reden statt übereinander

Im Prinzip ist es eine Selbstverständlichkeit, dass Menschen miteinander reden. Nur leider haben Menschen bei unangenehmen Situationen oder wenn sie befürchten, dass es unangenehm wird, die Angewohnheit, lieber übereinander zu reden als miteinander. Die Vermeidungstaktik, wie ein Vogelstrauß den Kopf in den Sand zu stecken, hilft leider nicht weiter. Natürlich ist niemand sonderlich erpicht darauf, sich absichtlich in eine unangenehme Situation zu bringen. Nur sind diese Situationen manchmal nicht zu umgehen. Es nützt nichts, ein Gespräch über ein Problem deines Kindes in der Kita zu ignorieren und der Meinung zu sein, alle anderen seien dafür verantwortlich, dass sie mit meinem Kind nicht klarkommen. Ebenso wenig hilft es, den empfohlenen Integrationshelfer für die Schule abzulehnen und mit anderen Eltern lieber über die Unfähigkeit der Lehrer zu reden. All das sind Gespräche, zu denen jedem sicherlich angenehmere Alternativen einfallen, aber sie sind notwendig. Wie kann ich also dafür sorgen, dass ich unangenehme Gespräche gut führen kann?

1. Bringe dich selbst in einen guten Zustand
2. Fakten sind hilfreich
3. Alle Beteiligten anhören
4. Alle Beteiligten mit Respekt behandeln
5. Eine gemeinsame Lösung finden

<u>Bringe dich in einen guten Zustand</u>

Um sich selbst kurzfristig in einen guten Zustand zu bringen, gibt es verschiedene Möglichkeiten. Eine sehr einfache und schnelle Variante ist es, dich an eine Situation zu erinnern, in der du schon einmal in dem von dir momentan gewünschten Zustand warst. Wenn du dir für das Gespräch mit den Erziehern in der Kita beispielsweise Geduld und Souveränität wünschst, dann erinnere dich, in welcher vergangenen Situation du schon einmal geduldig und souverän warst. Fühle intensiv nach, wo im Körper du welche

Empfindung spürst. Fühlt sich dein Rücken vielleicht aufrecht an, wenn du Souveränität wahrnimmst? Ist das Gefühl warm oder kühl? Ist dein Kopf klar? Nimm wahr, wie es dir mit diesem Gefühl geht und dann plane das Gespräch in diesem Zustand. Erinnere dich vor dem Gespräch erneut an die von dir gewünschten Zustände und fühle sie. Auch während des Gesprächs kannst du diese Zustände jederzeit wieder erinnern, falls du das Gefühl hast, einen bestimmten Zustand noch intensiver zu benötigen. Auch nach dem Gespräch darfst du den Zustand weiterhin aufrechterhalten.

<u>Fakten sind hilfreich</u>

Emotionen spielen selbstverständlich immer eine wichtige Rolle, allerdings darfst du Fakten nicht aufgrund von Emotionen verdrängen. Sowohl Fakten als auch Emotionen vervollständigen zusammen das Bild einer Situation und ermöglichen es im Zusammenspiel, eine Lösung zu finden.

<u>Alle Beteiligten anhören</u>

Es ist immer sehr leicht, direkt auf andere loszugehen und seine eigenen Schlüsse zu ziehen. Nur sind solch voreiligen Schlüsse nicht unbedingt hilfreich, sinnvoll und vor allem nicht vollständig. Wenn ein Kind zu Hause erzählt, dass ein bestimmter Mitschüler es geschlagen hat, macht es durchaus Sinn, erst einmal zu fragen, was vorher passiert ist, bevor man zum Telefon greift, um ein ernstes Wort mit der Mutter des anderen Kindes zu reden. Es könnte ja auch sein, dass im Vorfeld etwas passiert ist, was dazu beiträgt, die Gesamtsituation besser beurteilen zu können. Vielleicht hat dein Kind das andere Kind gezielt vors Schienbein getreten? Vielleicht hatten die Kinder bereits über einen längeren Zeitraum Streit, der nun eskaliert ist? Es gibt viele mögliche Optionen. Frag also erst einmal nach, mach dir ein Bild von der Gesamtsituation und handele erst dann entsprechend. Wichtig dabei ist, dass es keinesfalls um Schuldzuweisungen geht. Wer weiß schon, wann und wo der Konflikt genau begonnen hat? Und das lässt sich meist auch nicht mehr ermitteln. Es geht lediglich darum, alle beteiligten Seiten zu verstehen. Das ist auch für das eigene Kind wichtig, selbst wenn es im Moment die leidtragende Person ist. Dieses Leid soll auch nicht relativiert werden. Es geht nur darum, zu verstehen, wie Konflikte entstehen und wie sie eskalieren können.

Alle Beteiligten mit Respekt behandeln
Behandle jeden Menschen mit Respekt. Nur weil andere vielleicht unterschiedliche Meinungen, Ideen oder Ansätze für eine Lösung haben, bedeutet das nicht, dass du die Person respektlos behandeln darfst. Du kannst Menschen mit Respekt behandeln und dennoch in der Sache hart verhandeln. Interessiere dich für die Sichtweise deines Gegenübers. Ausreden lassen ist ein grundlegendes Element jeder Kommunikation. Auch die innerliche Einstellung spielt hierbei eine Rolle. Wenn du dein Gegenüber innerlich als klein mit Hut oder als übermächtig empfindest, ist ein Gespräch auf Augenhöhe nicht möglich. Bringe jeden Menschen auf seine tatsächliche Körpergröße und stelle dir vor, dass du ihm auf Augenhöhe begegnest und er dir. Auch wenn das manchmal womöglich schwerfällt.

Eine gemeinsame Lösung finden
Beim Gespräch mit der Kita steht das Wohl des Kindes und eine positive Entwicklung des Konflikts an erster Stelle. Ein Gespräch kann damit starten, ein gemeinsames Ziel zu finden, und mit einer gemeinsamen Lösung enden. Es geht hierbei nicht ums eigene Ego oder jenes anderer Beteiligter, sondern um ein Kind und seine Bedürfnisse. Finde in solchen Gesprächen ein gemeinsames Ziel, dann ist es auch möglich, zusammen eine Lösung zu finden.

Kleine Geschichte zum Thema vorschnelles Urteil

Als ich (Kirsten) in der siebten oder achten Klasse war, machten wir mit der Klasse einen Ausflug zum Amtsgericht. Wir sollten uns eine Verhandlung ansehen. Ich fand das super spannend und als wir auf dem Gang vor dem Sitzungssaal warteten, äußerte ich Freunden gegenüber, dass ich hoffe, jemand würde verurteilt. Warum ich das so aufregend und spannend fand, weiß ich heute nicht mehr. Zumal wir keine Informationen hatten, was für ein Fall überhaupt verhandelt werden würde. Als wir dann im Sitzungssaal saßen und der Verhandlung folgten, fühlte ich mich immer schlechter und schämte mich auch ein wenig, da ich mir bereits im Vorfeld eine Verurteilung erhofft hatte. Es stellte sich heraus, dass eine junge Frau des Diebstahls angeklagt worden war. Sie war von Hintermännern dazu gezwungen worden. Auch das Thema Gewalt gegenüber der jungen Frau kam in der Verhandlung zur Sprache. Das war der Moment in meinem Leben, in dem ich lernte, keine vorschnellen Urteile zu fällen und mir erst ein Bild von der Gesamtsituation zu machen.

Übung: Gute Freundschaften erkennen

Bei dieser Übung kannst du gemeinsam mit deinem Kind überlegen, was bei einer Freundschaft wichtig ist, was deinem Kind gut tut etc.

1. Frage dein Kind, was ihm bei einer Freundschaft wichtig ist. Notiere die Punkte.
2. Warum sind deinem Kind diese Punkte wichtig? Je älter das Kind ist, desto besser funktioniert dieses Vorgehen.
3. Besprich auch, unter welchen Umständen dein Kind nicht mit einem anderen Menschen befreundet sein möchte. Das ist nämlich auch o.k.! Du möchtest ja auch nicht mit jedem Menschen, dem du begegnest, etwas zu tun haben. Besprich ebenfalls, wie dein Kind dies freundlich kommunizieren kann. Es gehört dazu, für sich selbst einzustehen und Selbstvertrauen und Selbstwirksamkeit zu empfinden (zum Beispiel: „Ich möchte nicht mit dir spielen, weil du mich schon öfter mit Sand beworfen hast.“, „Ich möchte nicht mit dir spielen, weil ich dann immer nur das machen soll, was du willst.“, „Ich kann mit dir spielen, wenn du aufhörst mich immer wieder zu hauen.“).

Gruppenzwang

Bei allen Menschen ist der Wunsch nach Zugehörigkeit und Akzeptanz groß – insbesondere bei Kindern. Manchmal ist er sogar so groß, dass Kinder Dinge tun, obwohl sie wissen oder zumindest ahnen, dass sie diese nicht tun sollten. Wenn andere verletzt werden oder Dinge kaputt gehen, hört der Spaß auf. Was können Eltern ihren Kindern mit auf den Weg geben, um solche Situationen zu verhindern? Kinder brauchen Selbstvertrauen, damit sie dem Wunsch dazuzugehören in diesem Fall widerstehen können. Sprich mit deinen Kindern darüber, wie sich wirkliche Freunde verhalten. (Siehe Kapitel „Freundschaft und Freundschaften, die nicht guttun".) Echte Freunde verlangen nicht, dass etwas zerstört, gestohlen oder jemand verletzt wird. Stärke dein Kind darin, auch mal Nein zu sagen und laut und deutlich die eigene Meinung auszusprechen. Gib deinem Kind den Rückhalt und die Stärke, die es braucht. Bringe deinem Kind bei, was richtig und falsch ist. Bringe deinem Kind auch bei, Respekt vor anderen Menschen zu haben. Kinder lernen sehr gut durch Vorbilder. Sei deinen Kindern selbst ein Vorbild und distanziere dich beispielsweise von unangemessenen Wünschen anderer Menschen; auch wenn das bedeutet, dass du bei diesen Menschen vielleicht weniger beliebt bist. Stehe zu deiner Haltung. Das schützt dein Kind davor, zum Täter oder zum Opfer zu werden.

Mobbing

Beim Thema Gruppenzwang fällt mir (Kirsten) auch Mobbing ein. Zwar hat dies nicht immer einen Gruppenzwang als Auslöser, aber Kinder mobben häufiger, wenn andere in der Gruppe mobben. Wenn ich grundsätzlich Respekt vor Menschen habe und auch erlebt habe, dass mir Respekt entgegengebracht wird, verringert sich die Wahrscheinlichkeit, dass ich meine Mitmenschen mobbe. Zu diesem Respekt gehört auch, dass ich die Meinung anderer respektiere, ihr womöglich anderes Aussehen oder weitere Aspekte, die sie vielleicht von der Mehrheit unterscheiden.

Wenn ein Kind gemobbt wird, ist das eine große seelische Belastung. Oft bleibt Mobbing zunächst unentdeckt und du bekommst nicht gleich mit, was mit deinem Kind los ist. Sobald du es allerdings weißt, solltest du zügig handeln. Anzeichen für Mobbing können sein:

- Dein Kind möchte nicht mehr in die Schule gehen.
- Seine schulischen Leistungen werden schlechter.
- Es zieht sich zurück und verringert soziale Kontakte.
- Schlafstörungen und Albträume können auftreten.
- Körperliche Symptome wie Bauch- und Kopfschmerzen können auftreten.

Sollte dein Kind solche oder ähnliche Anzeichen zeigen, suche das Gespräch mit deinem Kind und versichere ihm, dass es von dir geliebt wird und in Sicherheit ist. Anzeichen dieser Art können auch auf andere Probleme hinweisen, schau also genau hin. Beim Thema Resilienz geht es auch darum, die eigenen Gefühle wahrzunehmen und darüber zu sprechen. Wenn Kinder frühzeitig lernen, über ihre Gefühle zu sprechen – die angenehmen wie die unangenehmen – und sie die Erfahrung machen, dass sie angenommen und geliebt werden, egal was ist, wird ihnen auch in belastenden Situationen der Schritt leichter fallen, sich einen Gesprächspartner zu suchen. Egal, ob es die eigenen Eltern oder anderen Personen wie Lehrer oder Freunde sind.

Wenn du erkannt hast, dass dein Kind gemobbt wird, kannst du je nach Situation die Schule, Lehrer, Eltern und auch die Schüler für eine Lösung miteinbeziehen. Außerdem gibt es Beratungsstellen, die helfen können. Auch der Kinderarzt ist ein möglicher Ansprechpartner. Du als Elternteil bist auf jeden Fall die Person, die für dein Kind einstehen muss. Tritt für das Wohl deines Kindes ein!

Kleine Geschichte über Löwenmamas und Löwenpapas

Es war einmal ein kleines Mädchen, das sich sehr auf die Schule gefreut hatte. Doch als es dann endlich in die Schule gehen durfte, ging es ihm nicht gut. Mit jeder Woche wurde es unglücklicher, bekam Bauchschmerzen und hörte auf zu wachsen. Das Leben war nicht mehr so, wie es zuvor gewesen war. Gespräche mit der Schule brachten nichts. Zwar hatte das Mädchen Freunde, aber es zog sich immer mehr zurück und ging in den Pausen allein über den Schulhof, aß sein Pausenbrot, statt mit seinen Freunden zu spielen. Es war sehr, sehr unglücklich und krank. Die Eltern kämpften weiter für das Wohl ihres Kindes. Weitere Gespräche mit der Schule brachten aber nichts, ärztliche Empfehlungen wurden ignoriert. Das Mädchen durfte nicht einfach eine Stufe zurück in die erste Klasse versetzt werden, da seine Leistungen gut waren. Ja, du liest richtig, das Leiden des Kindes dauerte über ein Jahr. (Warum sollte auch auf die seelische und körperliche Gesundheit eines Kindes eingegangen werden, wenn die Leistungen doch stimmen?) Da es dem Kind mittlerweile noch schlechter ging und ein Klinikaufenthalt kurz bevorstand, zogen die Eltern bereits juristische Schritte in Betracht. Endlich wurde der unermüdliche Kampf der Eltern für ihr Kind belohnt. Das Mädchen durfte zurück in die erste Klasse. Und wenn ein achtjähriges Mädchen kurz vor Weihnachten die Nachricht bekommt, dass es „zum Wohl des Kindes" nach den Ferien zurück in die erste Klasse darf und daraufhin sagt, dass es sich jetzt nichts mehr vom Christkind wünsche, kannst du erahnen, wie schlecht es dem Kind zuvor ging. Ab dem ersten Tag zurück in der ersten Klasse ging es dem Mädchen in der Gemeinschaft mit anderen Kindern und einer anderen Lehrerin jeden Tag sichtlich besser. Seit dem Tag hat es die Schule wieder geliebt und dieses Gefühl hielt bis zum Abitur an. Sei tapfer und ein unermüdlicher Kämpfer für das Wohl deines Kindes.

Dieses Kind war ich (Kirsten) – danke, Mama und Papa!

Ängste ernst nehmen

Es ist schon erstaunlich, welche Dinge manchmal Ängste auslösen können, und noch erstaunlicher ist es, wie die Ängste wieder verschwinden können. Manche haben Sorgenfresser unter dem Kopfkissen, andere falten Kraniche aus Origami und wieder andere besitzen Glücksbringer, damit Ängste verschwinden.

Ängste können sehr belastend sein und einem im Weg stehen. Es ist also völlig legitim, dass du Wege suchst, wie du die Ängste wieder loswirst.

Sollte dein Kind Ängste haben, dann nimm sie ernst. Hilf deinem Kind. Frag es, was ihm gegen die Angst helfen kann. Dabei spielt es keine Rolle, ob es Ängste vor realen Dingen sind oder vor Dingen, die der Fantasie des Kindes entspringen. Für dein Kind sind die Ängste echt. Manchmal helfen Fakten, manchmal eine Dose Drachenpulver von Opa, das das Kind vor die Haustür streut, damit seine Angst vor Drachen weggeht; manchmal ist ein Nachtlicht die Lösung oder einige Nächte bei Mama und Papa im Bett. Denn wo schläft es sich sicherer und geborgener, wenn man sich bei seinen Eltern wohlfühlt? Besonders in Zeiten der Veränderung oder Entwicklung – und davon gibt es im Leben viele – bietet ein sicherer Ort genau das, was ein Mensch braucht, um Erfahrungen zu verarbeiten, sich zu entwickeln und zu wachsen.

Kleine Geschichte zum Thema Ängste

Mein (Kirstens) älterer Sohn hat sich immer auf die Schule gefreut. Zwar ist er auch gerne in die Kita gegangen, aber irgendwann wurde es für ihn höchste Zeit, etwas Neues zu erleben. Aufgrund des Lockdowns im Frühjahr 2020 waren viele Dinge im Abschlussjahr der Kita nicht möglich. Lange war der Besuch der Kita für die Kinder ohnehin nicht erlaubt gewesen. Wie vermutlich fast überall fiel die Abschlussfeier der Kita, auf die die Kinder sich seit einem Jahr gefreut hatten, aus. Eine alternative kleine Entlassfeier konnte das nicht ausgleichen, auch wenn sich die Erzieher sehr viel Mühe gegeben hatten und es eine schöne Stunde war. So kam es, dass mein

Sohn nicht richtig Abschied nehmen konnte, denn er hatte kein Abschlussritual. Und so trat immer mehr der Verlust des Kitaumfelds und die Sehnsucht danach in den Vordergrund und nicht mehr die Freude auf die Schule. Er bekam Angst vor der Schule. Dieses Gefühl steigerte sich über Tage und Wochen. Abendliche Tränen waren keine Seltenheit und er war absolut überzeugt davon, nicht in die Schule zu wollen und diese doof zu finden. Das fühlte er! Davon konnte ihn auch nichts abhalten. Zwei Tage vor Schulbeginn war das für mich ein absoluter Tiefpunkt und unser Plan, Abläufe wie Schlafenszeiten oder Aufstehzeiten für die Schule einzuüben, klappte gar nicht.

Zum Glück halfen mir hier die Sterne, denn genau zu diesem Zeitpunkt waren die Perseiden zu sehen. Es befanden sich also eine Menge Sternschnuppen am Himmel. Kurzentschlossen schnappte ich mir meinen Jungen, zog ihn wieder an (es war bereits halb zehn), weil er immer noch nicht schlafen konnte, da die Angst vor der Schule zu groß war. Ich fuhr kurzerhand zu meinen Eltern in den Garten. Wir hatten den Sommer über immer wieder Sterne beobachtet und mein Bruder hatte uns sein Teleskop zur Verfügung gestellt, sodass wir überaus beeindruckende Bilder vom Mars, Jupiter, Saturn und sogar der ISS sehen konnten. Zudem hatten wir uns darüber unterhalten, dass mein älterer Sohn sich etwas wünschen dürfe, wenn er eine Sternschnuppe gesehen habe. Er glaubte fest daran. Also wollte ich mir das zunutze machen. Bei meinen Eltern warteten wir noch 30 Minuten, bis es dunkel genug war, und legten uns mit Decken und Polstern ausgestattet auf das Trampolin im Garten – in der Hoffnung, eine Sternschnuppe zu sehen. Es war eine wunderschöne Sommernacht und für uns beide ein unvergessliches Erlebnis. Wir hatten keine zehn Minuten dort gelegen, als eine wunderschöne, große Sternschnuppe genau über uns verglühte! Manchmal hat man das Glück auf seiner Seite. Wir waren völlig begeistert und fasziniert von dem Anblick, den wir sicherlich nicht mehr vergessen werden. Und natürlich hat sich mein Sohn eine wunderschöne Schulzeit gewünscht.

Wir lagen noch einige Zeit dort und sahen weitere kleinere Sternschnuppen. Als wir schließlich nach Hause kamen, konnte er gut schlafen, die Angst war weg und er lebt in der Gewissheit, dass ihm eine schöne Schulzeit bevorsteht. Der Abend war auf ganzer Linie ein Erfolg!

„Wissen ist Macht…"

…ist angelehnt an die Aussage eines englischen Philosophen und gilt seit nunmehr über 400 Jahren. Auch auf manche Ängste hat Wissen eine positive Auswirkung. Natürlich hat Angst etwas mit Gefühlen zu tun. Mal ist sie unbegründet, mal berechtigt. Fakten können jedoch ihren Teil dazu beitragen, dass Ängste geringer werden oder gar verschwinden. Sammle also Fakten. Wenn dein Kind Angst vor Schlangen hat, kannst du nachsehen, wo Schlangen leben und ob sie für den Menschen gefährlich werden können. Wenn dein Kind Angst vor etwas Unbekanntem wie der Schule hat, könnt ihr gemeinsam das Schulgebäude ansehen, die Homepage der Schule besuchen oder mit Kindern reden, die dort auf der Schule sind. Sammelt also Informationen, die die Schule zu etwas Bekanntem machen. Die Informationen beruhigen den Geist und geben dem Kopf zumindest vorerst Antworten. Natürlich bleiben noch Aufregung und vielleicht auch ein wenig Angst übrig. Aber manchmal hat Angst auch etwas Gutes: Sie sorgt dafür, dass Menschen aufmerksam und vorsichtig sind. Sie schützt vor Gefahren. Verdamme sie also nicht, sondern betrachte sie auch einmal als Hinweis des Körpers und des Geistes wachsam zu sein. Ängste sind Schutzmechanismen.

Ängste besiegen

Nicht immer stehen Sternschnuppen als Lösung zur Verfügung, um Wünsche zu erfüllen, aber dafür gibt es das NLP mit seinen praktischen Lösungsansätzen.

Bei der Geschichte mit der Sternschnuppe passierte folgendes: Eine klare Zielvorstellung (eine schöne Schulzeit) und die Überzeugung, dass sie in Erfüllung geht, wurden miteinander verbunden.

Wenn ich mich vor etwas ängstige, dann erwarte ich etwas Unangenehmes in der Zukunft, also habe ich auch eine Zielvorstellung, nur eben eine ungünstige! Hierbei ist es wichtig, dass diese durch eine sinnvolle Erwartung ausgetauscht wird. Das kannst du tun, indem du dich auf eine kleine mentale Reise begibst und in eine Zeit reist, in der du dich freust, dass du die Angst bereits besiegt hast. Bei dieser Zeitreise ist es wichtig, das Gefühl der Freude und Gelassenheit wirklich körperlich zu spüren und mit einem abrufbaren Zeichen zu verbinden – im NLP wird jenes Vorgehen einen Anker setzen genannt. Dieses Zeichen und das damit verbundene Gefühl kannst du dann auf alle möglichen weiteren Stresssituationen anwenden und innerlich zur Ruhe kommen. Das macht das Leben erfreulicher und leichter und in einem gelassenen und freudigen Zustand fallen dir auch gute Lösungen für Schwierigkeiten ein.

Dein Kind kann das auch schon tun, denn es handelt sich um einen ganz natürlichen Lernprozess, den Menschen sowie Tiere ständig unbewusst nutzen. Der Unterschied zum alltäglichen Lernen ist wie immer im NLP, dass du den einmal geankerten Zustand ab diesem Zeitpunkt dann bewusst im Mentaltraining für die Zukunft einplanen kannst und vergangene Ereignisse nachträglich entstressen kannst. Der einmal geankerte Zustand wird transportabel und steht ab diesem Zeitpunkt für die absichtliche Anwendung zur Verfügung.

Trance: Zeitreise in eine angstfreie, gelassene Zukunft

https://www.nlp-impulse.com/dl/fg-angstfrei.mp3

Eifersucht und Fürsorge

Es ist eher ungewöhnlich, dass ein Kind nicht eifersüchtig wird, wenn es ein Geschwisterchen bekommt. Schließlich muss es die Aufmerksamkeit der Eltern nun mit einer weiteren Person teilen. Und die Versprechen, dass ein neuer Spielkamerad in die Familie kommt, bewahrheiten sich zumindest zu Beginn nicht. Mama und Papa sind auf einmal mit Stillen, Wickeln, Schuckeln beschäftigt, haben dunkle Ringe unter den Augen und möchten nicht spielen oder toben, sondern nur noch schlafen. Die Lebenswelt des Kindes hat sich mit der Geburt des Geschwisterkindes plötzlich geändert – und zwar nicht zum Besseren! Eine Wartezeit von ca. einem Jahr, bis Kinder auch nur ansatzweise etwas mit einem Geschwisterkind anfangen können, bedeutet für ein zweijähriges Kind das halbe Leben! Umso wichtiger ist es, dass das ältere Kind nun besondere Vorzüge genießt und nicht nur gerecht behandelt wird, indem es– ebenso wie das Geschwisterkind – die Hälfte der Betreuungszeit erhält. Hier gilt das Motto: Wer leidet hat Recht und bedarf besonderer Zuwendung – egal, ob dies aus elterlicher Sicht betrachtet berechtigt ist oder nicht.

Wenn ein Mensch – ob groß oder klein – eifersüchtig ist, sieht er in seinen inneren Bildern immer nur das, was die Person, auf die er eifersüchtig ist, gerade hat und/oder tut. Manchmal kann das sehr große Wut erzeugen, die gefährlich werden kann, denn die einzige Lösung scheint das Verschwinden des Rivalen zu sein.

Ein eifersüchtiger Mensch kann sich dann nicht vorstellen, dass er das Gleiche auch haben kann. Er macht aus seinem Rivalen kein Vorbild, aus seinen Beobachtungen kein umsetzbares Ziel, indem er sich vorstellt, das Privileg, das er gerade bei einer anderen Person beobachtet hat, ebenfalls erhalten zu können.

Seine Idee dahinter ist, dass es nicht genug für alle gibt. Das Wort teilen wird verstanden wie das Teilen eines Kuchens (hier werden die Anteile für jeden weniger, wenn geteilt wird). Eine viel schönere

Vorstellung vom Teilen ist jene der Zellteilung (hier verdoppelt sich die Anzahl der Zellen bei jeder Teilung). Teilen bedeutet also einen Gewinn für alle Beteiligten.

Wenn kleine Kinder die Lösung mit dem Vorbild ansatzweise erkennen, setzen sie diese Idee oft so um, dass sie sich verhalten, als wären sie ebenfalls ein Baby: Sie fallen auf frühere Entwicklungsstufen zurück und verweigern selbständiges Handeln, da dies die Zuwendung der Eltern verspricht. Wichtig ist dann, dass Eltern zunächst nur beobachten, tolerieren und mitspielen, damit sich das ältere Kind nicht in einer aussichtslosen Situation befindet, sondern sich erst einmal langsam an die neuen Bedingungen anpassen darf– und Nachsicht erfährt, wenn ihm das nicht gleich gelingt.

Es empfiehlt sich, das ältere Kind in die Betreuung des Babys miteinzubeziehen, ihm Aufgaben zu übertragen, die es mag und die ihm zeigen, dass es schon groß ist. Das ist nicht immer spannend, weshalb auch weitere Lösungen wichtig sind.

Ältere Kinder haben Privilegien und dürfen Dinge tun, die jüngere noch nicht können oder dürfen. Zur Not können hier auch mal das Fernsehgerät, Handy oder Tablet helfen, Frieden zu stiften, auch wenn das jüngere Geschwisterkind sich damit im Normalfall noch nicht beschäftigen soll.

Ich habe noch kein Kind kennengelernt, das Matschen und Wasser spritzen verweigert hätte. Erlaube deinem Kind beispielsweise, an einem Ort, der gut zu reinigen ist, mit Ton und Wasser zu spielen, wenn es das mag. Das Aufräumen danach ist vermutlich schneller und nervenschonender zu bewerkstelligen als dauerndes Ermahnen und Meckern – und die ganze Aktion sorgt am Ende bei allen Beteiligten für bessere Laune. Und auf die Stimmung kommt es an, wie du ja schon weißt.

Eifersucht, Mamazeit und Papazeit

Eifersucht unter Geschwistern ist etwas völlig Normales. Wer bekommt den größeren Keks? (Auch wenn alle genau gleich groß sind!) Wer darf zuerst die Kerzen vom Adventskranz auspusten? Viele Streitereien unter Geschwistern sind völlig überflüssig oder könnten sich mit zwei oder drei Sätzen klären lassen – denken die Eltern. Aus Sicht der Kinder ist das unmöglich! Für sie geht es im Kern um mehr als nur darum, wer wo sitzen darf. Es geht darum, einen festen Platz zu haben; zu wissen, wohin sie gehören. Und zwar auch was die Liebe der Eltern angeht. In solch einer Situation ist die ganze Familie gefragt. Die Mamazeit und Papazeit ist etwas sehr Wertvolles. Sie schafft und verstärkt die Verbindung zwischen euch und eurem Kind. Es sind nicht nur geistige Themen, mit denen ihr euch währenddessen beschäftigt, sondern ihr könnt zusammen etwas spielen, basteln, erforschen. Beim Toben kommt es zu Berührungen, beim Puppe spielen zum Kuscheln. Ich (Kirsten) liebe es, an der warmen Heizung zu sitzen, ein Kind auf meinem Schoß zu haben und vorzulesen. Das kann ich einen halben Nachmittag lang machen. Bei Aktivitäten, bei denen es zu Körperkontakt kommt, wird Oxytocin, das häufig auch als Bindungshormon bezeichnet wird, ausgeschüttet. Du kennst es sicherlich noch aus Babyratgebern. Durch Körperkontakt zwischen Mutter und Baby wird das Bindungshormon ausgeschüttet, das dafür sorgt, dass eine völlig übernächtigte Mama zum dritten Mal pro Nacht das Baby stillt, und es dabei liebevoll und glücklich anlächelt, auch wenn ihr die Augen vor Müdigkeit schon halb zufallen. Oxytocin sichert das Überleben des Kindes.

Wenn die Kinder älter sind, brauchen sie immer noch dieses Gefühl der Bindung. Um ihnen dieses zu vermitteln, gibt es dann andere Möglichkeiten als das Stillen. Scheint diese Gewissheit oder das Gefühl der Bindung zu fehlen, ist Platz für Eifersucht und ihre unterschiedlichen Ausdrucksformen: Eifersuchtsdramen, Streitereien, Heulanfälle und Wutausbrüche. Oft hilft schon eine regelmäßige Mamazeit, um solchen Szenarien vorzubeugen. Denn

Hand aufs Herz, wer steht nicht auch mal gerne im Mittelpunkt der Aufmerksamkeit und darf bestimmen? Der Alltag von Kindern wird noch zum Großteil von Erziehern, Lehrern und Eltern bestimmt. Was gibt es also Schöneres, als mit einer geliebten Person Zeit zu verbringen und selbst bestimmen zu können, was man Besonderes unternimmt oder macht? Was genau ist eine Mamazeit oder eine Papazeit eigentlich? Im Prinzip ist es eine exklusive Zeit zwischen einem Kind und einem Elternteil, in dem das Kind bestimmen kann, was gemacht wird. Ob nun basteln, malen, Schach spielen, draußen toben – letztendlich spielt es keine Rolle, was ihr macht. Hauptsache, die Aufmerksamkeit liegt beim Kind! Kein Handy, keine Wäsche, kein „Ich mach mal schnell noch". Der Fokus liegt auf dem Kind. In dieser Zeit kann das Vertrauen in die Bindung wieder gestärkt werden. Sie wird insgesamt gefestigt und sorgt damit für Sicherheit. Wer sich sicher fühlt und die Gewissheit hat, geliebt zu werden, genug Aufmerksamkeit bekommt und weiß oder spürt, dass er einen festen Platz hat, der wird auch so schnell nicht eifersüchtig. Typische Dramen werden durch diese Qualitätszeit vermieden. Und auch für die Eltern ist solch eine Zeit sehr schön: Mal in Ruhe mit einem Kind etwas zu unternehmen, Zeit und Raum für Gespräche zu finden. Entdecke dadurch neue Facetten an deinem Kind und eurer Beziehung.

Das kommt beim Partner auch immer wieder ganz gut an. Ich werde sicherlich keinen Eheratgeber schreiben, aber eine persönliche Beziehung bleibt eine persönliche Beziehung. Und diese kann durch Quality Time gestärkt werden. Als netten Synergieeffekt haben Geschwister oftmals gleichzeitig eine Papazeit. Das funktioniert übrigens auch mit Großeltern sehr gut. Diese haben noch einmal eine ganz andere besondere Beziehung zu ihren Enkeln. Da sie häufig nicht mehr so stark ins Berufsleben eingebunden sind und aufgrund ihrer Lebenserfahrung einfach weniger gestresst sind, können sie anders auf die Kinder eingehen. Der tägliche Erziehungskram fällt weg. Großeltern sollen ihre Enkel nicht erziehen, sie sollen eine gute Zeit zusammen haben – was eindeutig ein riesiger Vorteil ist. Halte also durch, bis du Großmutter oder Großvater bist.

Cederic ist ein richtiger Handwerker und Abenteurer. Er liebt es, mit Opa im Keller zu „handwerkern“, mit ihm im Garten zu arbeiten oder einfach die Natur zu entdecken. Da wir Eltern eher andere Talente haben, kam ich auf die Idee, den Jungen einen Tag pro Woche nicht in die Kita zu bringen und ihn mit Opa Abenteuer erleben zu lassen. Dass das so funktioniert, ist eine tolle Sache und mir ist klar, dass das nicht überall funktioniert. Aber es bedeutet, dass du Möglichkeiten, Talente, Zeit und Aufmerksamkeit einfach einmal neu durchdenken kannst. Oma kann gut backen und dein Sohn möchte es auch gerne lernen. Du hast aber keine Zeit oder keine Ahnung davon. Warum also nicht für alle ein Arrangement finden, von dem jeder einzelne profitiert?

GESUNDHEIT

Was ist Gesundheit? Was beeinflusst Gesundheit und was kann ich tun, damit ich gesund bin? Wo fängt Gesundheit an und wo hört sie auf? Hat sie überhaupt Grenzen? Sind mir hierbei Grenzen gesetzt? Ist Gesundheit etwas Statisches? Habe ich den Punkt, das Ziel erreicht? Gibt es ein Ja oder Nein, ein Entweder…Oder?
Für mich (Kirsten) ist Gesundheit ein Prozess, zu dem ich jederzeit etwas beisteuern kann. Ich kann also jederzeit etwas für meine Gesundheit tun. Daher ist es wichtig, dass ich mir erst einmal bewusst mache, was für mich Gesundheit bedeutet. Bedeutet Gesundheit für mich bereits die Abwesenheit von Schmerz? Oder gehört ein Wohlgefühl dazu? Das waren beispielsweise Themen, mit denen ich mich während meiner NLP-Ausbildungen beschäftigt habe und zu denen ich eine NLP-Methode entwickelt habe: das Gesundheitsnetz.

Das Gesundheitsnetz

Das Gesundheitsnetz arrangiert Faktoren, die die Gesundheit positiv beeinflussen, in einem Kreis. Jeder Faktor wird mit jedem weiteren Faktor verbunden. Mache dir dabei klar, was die jeweiligen Verbindungen für dich bedeuten, indem du dich zum Beispiel fragst: Was genau hat Freude mit Bewegung zu tun? Was genau hat Freude mit Entspannung zu tun? Was genau hat Freude mit dem Schreiben von Büchern zu tun etc. Verbinde so gedanklich alle Punkte deines Netzes einzeln miteinander. Hierbei steht jeder Strich für eine gedankliche Assoziationskette. Auf diese Weise wird dein Gehirn über ganz viele Stichworte an das Thema Gesundheit erinnert. Je mehr Faktoren beteiligt sind, desto mehr Verbindungsfäden gibt es und desto enger wird schließlich auch das gewebte Gesundheitsnetz, das sich in der Mitte bildet. Dieses Netz kann dich und deine Kinder auffangen und veranschaulicht auf einfache Art und Weise, was du im Moment für dich selbst tun kannst. Möchtest du mehr tun? Fehlt noch etwas?

Beeinflussende Faktoren können folgenden Kategorien zugeordnet werden: Umwelt, Körper, Geist und Seele, wobei einige Faktoren in mehreren Kategorien vorkommen können. Jedes Netzt ist individuell. Finde eigene Aspekte, die zu deinem persönlichen Gesundheitsnetz gehören.

Umwelt:	Freunde, Familie, soziale Kontakte, Kultur, Wohnumfeld, Natur, ..
Körper:	Bewegung, Ernährung, Entspannung, ..
Geist:	Lernen, Lernmethoden, Motivation, Arbeitszufriedenheit, ..
Seele:	Entspannung, Meditation, Selbstvertrauen, nach eigenen Wertvorstellungen leben, ..

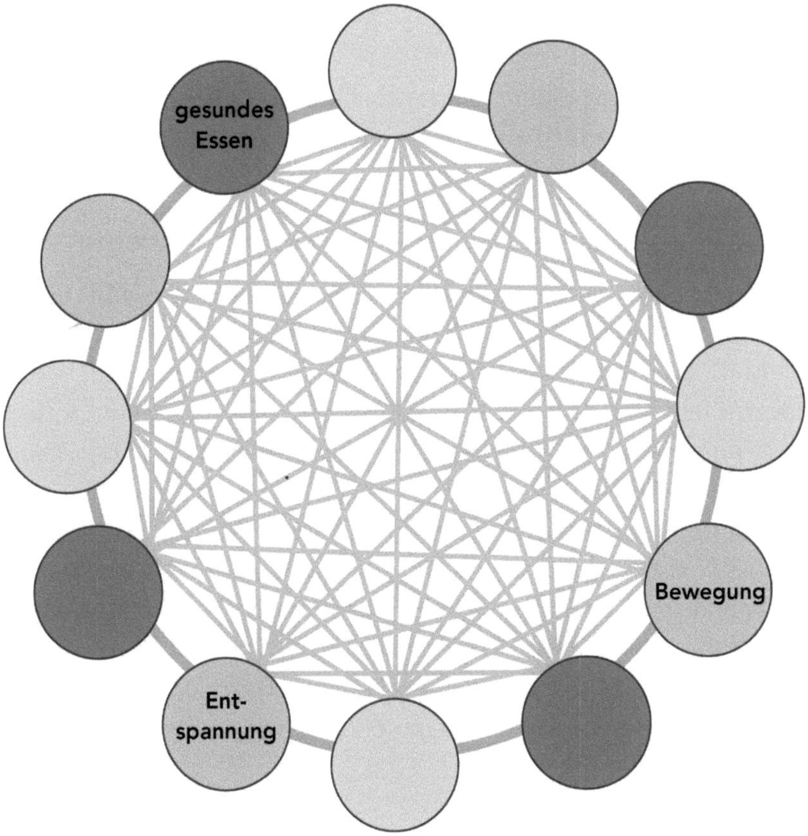
gesundes Essen
Bewegung
Ent-
spannung

Übung: Gesundheitsnetz Teil 1

Betrachte das Schaubild – gerne auch mit deinen Kindern. Sprich mit deinen Kindern darüber, welche Begriffe aus ihrer Sicht dazugehören, was sie bedeuten und welche Bedeutung sie ihnen beimessen. Lass auch deine Kinder ergänzen, was für sie wichtig ist. Spüre die Begriffe.

Wenn du gerne die intensivere Variante ausprobieren willst, nimm ausreichend große Blätter Papier, schreibe jeweils einen Begriff darauf, lege diese dann in einem Kreis aus, stelle dich auf jeden Begriff und achte auf die Verbindungen zu den anderen Begriffen. Was nimmst du wahr? Welche Gedanken kommen dir in den Sinn? Was genau fühlst du?

Wenn du alle Positionen erlebt hast, kannst du dich in die Mitte deines Netzes stellen und spüren, wie es sich anfühlt. Vielleicht fühlt es sich ausbalanciert an, vielleicht zieht es dich in eine bestimmte Richtung – zu einem Aspekt, den du in Zukunft noch mehr berücksichtigen möchtest, um wieder in Balance zu kommen?

Wenn du fertig bist, kannst du die Zettel gerne wieder einsammeln und zur Seite legen.

Gesunde Ernährung

Gesunde Ernährung ist ein großes Thema. Viele Kindergärten stellen ihr Essensangebot um, bieten regelmäßig vegetarische Speisen an, verbieten an Geburtstagen den Geburtstagskuchen (was ich übertrieben finde und froh bin, dass bei Cederic noch Muffins und Co. am Geburtstag erlaubt sind). In Kantinen werden inzwischen auch vegane Speisen angeboten, Schulessen bedeutet häufig nicht mehr, einfach nur den Magen zu füllen. Gesunde Ernährung bewegt die Gesellschaft. Mir ist absolut klar, dass ich mit einem Hartz–IV-Budget nicht meinen gesamten Wocheneinkauf im Bioladen erledigen kann. Gesunde Ernährung steht auf jeden Fall in Verbindung mit den jeweiligen wirtschaftlichen Möglichkeiten einer Familie. Doch mit jedem Budget kann ich in meinem Rahmen dafür sorgen, dass etwas Gesundes auf den Tisch und in die Brotdose kommt. Als Orientierungshilfe dient hierfür die bekannte Ernährungspyramide.
Als Richtschnur für eine Portionsgröße hilft die Eine-Hand-Voll-Regel: Eine Portion Trauben sind so viel, wie in eine Hand des Kindes passen. Eine Portion Paprikastücke. Eine Portion Kekse auch. Eine Portion = eine Hand voll. Bitte achte darauf, dass die Eine-Hand-Voll-Regel bei der täglichen Flüssigkeitszufuhr zur Eine-Tasse-Voll-Regel wird. Manche Kinder sind wahre Experten darin, bestimmte Anweisungen wortwörtlich zu nehmen. Da Hände wachsen, verändert sich die Portionsgröße auch mit der Größe des Kindes. Die Regel ist für Kinder sehr gut nachvollziehbar und lebensnah erklärt. Sie ermöglicht es auch, die Selbständigkeit der Kinder zu fördern. Ein Kind kann auf diese Weise lernen, wie viel Essen oder Trinken es sich nehmen kann. Als grobe Übersicht folgt eine Ernährungspyramide. Im Internet findest du farbige Varianten mit vielen Beispielbildern für Kinder.

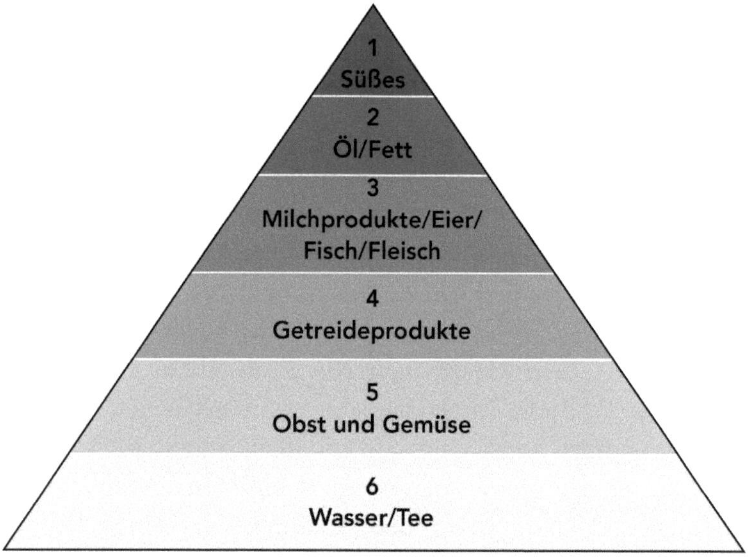

Es ist wichtig, mit dem Kinderarzt über bestimmte Ernährungsformen wie vegetarisch, vegan oder allergiekonform zu sprechen. Er kennt dein Kind und weiß, was es braucht.

Schoki und Co – angewandtes Wirtschaftswissen in der Kindererziehung

Nichts, was du lernst, ist umsonst. Egal, was das ist! Glaube mir. Besonders anschaulich finde ich das Beispiel von meinem Wirtschaftsrechtstudium. Meine erworbenen Betriebswirtschaftskenntnisse kann ich nun ganz einfach und erfolgreich einsetzen.

Vermutlich ist es bei euch so ähnlich, wie es bei uns auch einmal war: Die Kinder lieben süße Sachen – Schokolade, Gummibärchen, Apfelschorle, Limo. Versuchungen für die Kleinen gibt es bis ins Unermessliche. Von Cederic habe ich eine Zeit lang immer wieder zu hören bekommen, dass er einfach nicht habe widerstehen können, was ich absolut süß fand. Allerdings wollen wir Eltern unseren Kindern eine gesunde Ernährungsweise beibringen. Daher gehören eher Wasser und ungesüßter Tee, Äpfel und Bananen auf den Speiseplan. Nur wie kann ich das bewerkstelligen?

Als Vorabinfo: Der Mensch bevorzugt süße Lebensmittel, ein Überbleibsel aus grauer Vorzeit. Unsere Vorfahren aus der Steinzeit hatten die Erfahrung gemacht: Reife Früchte sind süß und können bedenkenlos gegessen werden. Daher kommt bei Kindern auch die weit verbreitete Abneigung gegen grüne Lebensmittel. Grün ist ein Zeichen dafür, dass Nahrung noch nicht reif ist. Oder würdest du grüne Himbeeren oder Möhren essen wollen?

Eben! Speichere diese Hintergrundinfo ab und biete deinen Kindern anfangs farbenfrohes Gemüse und Obst an. Und knabbere natürlich auch mit. Von wegen Vorbildfunktion!

Nun aber zu meinem Beispiel aus der Betriebswirtschaftslehre. Am Markt gibt es Angebot, Nachfrage und einen Preis für eine Ware. Je geringer das Angebot und je höher die Nachfrage, desto höher ist der Preis, der bezahlt werden muss. Gibt es beispielsweise am ersten unerwarteten sonnigen Wochenende im Jahr eine sehr große Nachfrage nach Grillgut, weil alle die Grillsaison beginnen wollen, aber nur ein sehr geringes Angebot von Grillwürstchen, dann steigt ihr Preis. Ist ja klar. Das umgekehrte Beispiel sieht folgendermaßen aus: Im Sommer gibt es ein großes Angebot an Grillgut – die Auswahl ist riesig. Nur leider löst eine Kaltfront die andere ab und selbst der passionierteste Grillmeister verzichtet lieber. Also sinken die Preise für Grillgut.

Jetzt fragst du dich sicherlich, was das mit dem Schokoladenkonsum deines Kindes zu tun hat.

Die Nachfrage deines Kindes nach Schokolade oder Süßwaren aller Art ist hoch. Du aber hältst die Hand schützend über den Schokoladenvorrat, da du für dein Kind eine gesunde Ernährung möchtest. Ersetzen wir nun aus der Gleichung von eben den Preis einer Ware durch das Verlangen nach Süßem und es ergibt sich folgendes: Das Verlangen nach Süßem ist hoch, weil das Angebot so knapp ist.

Das bedeutet in der Praxis: Beschränke das Angebot für eine Zeit lang nicht. Biete weiterhin gesunde Alternativen an. Wenn dein

Kind Apfelschorle trinken möchte statt Wasser, dann lass das zu. Dabei können trotzdem noch Regeln gelten, etwa folgende: Zum Frühstück gibt es Tee oder Milch, keine Apfelschorle. Erst gibt es Obst, dann Schokolade.

Du wirst erstaunt sein, was mit deinen Apfelschorle liebenden Schokomonstern passiert. Gib deinen Kindern etwas Zeit. Und damit meine ich mehr als zwei Wochen. Zu Beginn wird die Nachfrage nach Süßem noch gleichbleiben, in den ersten Tagen vielleicht noch ein wenig steigen, aber danach wird sie sinken.

Mittlerweile kann ich bei meinen Kindern nur noch im Ausnahmefall mit Apfelschorle landen. Und selbst dann, wenn ich ihnen Limo anbiete, wollen sie Wasser, wenn sie durstig sind. Die Kinder haben also gelernt, dass Apfelschorle, Limo und Co zwar süß und lecker schmecken, aber gegen Durst nicht wirklich helfen. Sie bevorzugen Wasser und Tee.

Kleine Geschichte zum Thema Snack

Ähnlich ist es bei Gemüse. Wenn mein (Kirstens) Älterer mit seinen sieben Jahren einen Snack möchte, könnte ich ihm im Schokoregal bedenkenlos die Wahl überlassen. Bei uns gibt es zur Snackzeit häufig Dialoge wie den folgenden:

Kind: „Ich habe Hunger."
Mama: „Was möchtest Du? Pause. Einen Keks?"
Kind: „Ich überlege."
Mama: „O.k."
Zwei Minuten Später.
Mama: „Weißt du jetzt, was du möchtest? Du darfst auch einen Joghurt essen, wenn du möchtest."
Kind: „Nee, ich will lieber einen Apfel."
Mama: „Was möchtest du?"
Kind: „Ich möchte einen Apfel. Pause. Ach nee, ich möchte doch lieber eine Möhre!"

Manchmal versuche ich sogar schon ihm Schoki anzudrehen, weil ich denke, das würde ihm auch mal ganz guttun, aber dann läuft es doch anders. Bei Cederic arbeite ich noch am Schokoladenkonsum, da er wie die Mama ein kleiner Schokoliebhaber ist. Schon als Kind habe ich Schokolade geliebt und habe mein Studium nur mit ausreichend Schokolade überlebt. Denk daran, dieses Vorgehen ist ein langfristiges Investment. Biete deinem Kind auch die eher ungesunde Variante an, damit es sich häufig dagegen entscheiden kann. Hab also Geduld!

Übung: Essensportionen einteilen

Gehe mit deinem Kind einfach einmal in die Küche und übe die Eine-Handvoll-Regel. Erkläre auch, warum deine Portion Trauben größer ist als seine. Dein Körper (und somit deine Hand), ist größer und braucht mehr Energie. Außerdem ist deine Portion Brokkoli auch größer als seine.

Was hat das mit NLP zu tun? Menschen lernen induktiv. Das bedeutet, dass sie mehrere konkrete Beispiele erleben müssen, um daraus abstrakte Regeln ableiten zu können. Die Hand-voll-Regel selbst auszutesten ist besonders effektiv, da die Hand und damit die angemessene Portion mitwächst. Grammangaben für jede Altersstufe sind viel umständlicher und abstrakter. Eine Hand voll ist konkret erlebbar und ergibt eine anschauliche und immer gültige Definition des Begriffs Essensportion. Das entstandene innere Bild ist von Anfang an gehirngerecht.

Bewegung

Dass Bewegung wichtig ist, ist allgemein bekannt. Nur wie kann ausreichend Bewegung in den Alltag integriert werden? Und das vielleicht auch noch bei Regenwetter? Um eines schon einmal vorwegzunehmen: Wenn du selbst nicht so der Draußentyp bist (das bin ich auch nicht), dann behalte trotzdem im Blick: Kinder brauchen Bewegung, da sie sonst unausgeglichen sind. Für eine gute Entwicklung müssen sie sich häufig bewegen. Wenn Kinder unausgeglichen sind, können sie auf ziemlich kreative Ideen kommen oder aggressiv werden oder schlicht und ergreifend zu unzufriedenen kleinen Monstern mutieren, die einem das Leben zur Hölle machen können. Willst du also nicht zumindest eine halbe Stunde Zeit im Freien verbringen und dadurch entspannte Kinder haben, was auch zu entspannten Eltern führt? Lass dir das durch den Kopf gehen.

Solange die Kinder in der Kita rausgehen, ist das schon eine gute Basis. In der Schule wird es da schon schwieriger. Da es in Schulen nicht ausreichend Bewegungsangebote gibt, ist es besonders wichtig, dass du Schulkindern genug Möglichkeiten für Bewegung gibst. Lass deine Kinder zusammen mit Freunden zu Fuß zur Schule gehen. Erlaube ihnen, sich nachmittags mit Freunden zum Spielen zu treffen. Erlaube bei schlechtem Wetter vielleicht doch einmal, dass sie auf dem Bett hüpfen dürfen. Insbesondere für Jungs ist es wichtig, dass sie im Grundschulalter genug Bewegung bekommen, da in dieser Zeit die Nervenverbindungen für die Grobmotorik gebildet werden. Bei Mädchen sind es in dieser Zeit die Bahnen für die Feinmotorik, was ihnen einen echten Vorteil in der Grundschulzeit bringt. Erst im Teenageralter ist bei Jungs die Feinmotorik dran und bei den Mädchen die Grobmotorik. Wundere dich also nicht, wenn dein Teenagersohn das Nähen in der Schule gut findet und deine Tochter mit Kickboxen anfangen will.

Übung: Bewegung einplanen

Überlege mit deinem Kind, an welchen Tagen es ohnehin Sport, Turnen oder andere Bewegungseinheiten hat und was es an den anderen Tagen gerne machen möchte. Wie ist das von dir aus organisierbar? Kannst du dich mit anderen Eltern zusammentun? Das gibt euch eventuell abwechselnd Freiraum für andere Sachen. Gibt es einen Spielplatz in der Nähe, kannst du dir den Luxus eines Tobekellers leisten, der den Winter über vermutlich gerne besucht wird? Gibt es AGs oder Angebote der Schule oder der Betreuung?

Ermögliche deinen Kindern und dir tägliche Bewegung und bemerke den Unterschied. Abgesehen davon, dass mehr Bewegung anfangs vielleicht etwas anstrengend ist, tut sie dir auch gut und reduziert deinen Stress. Zudem hat sie Vorteile für eure Bindung und eure Gesundheit.

Da 2020 und teilweise auch 2021 coronabedingt viel vom realen Gruppensport für die Kinder ausgefallen ist, wurden viele Angebote ins Netz verlegt, etwa Kung-Fu per Livestream oder in Form kurzer Trainingsvideos. An dieser Stelle geht mein Dank an all die Menschen, die Kindern in dieser schwierigen Zeit ein Stück Normalität und Bewegung ermöglicht haben! Solche Angebote kannst du auch gemeinsam mit deinen Kindern nutzen. So bekommst du auch etwas Abwechslung in dein Bewegungsprogramm und kannst immer mal wieder etwas Neues ausprobieren. Im Netz gibt es viele Videos zum Thema Bewegung. Es kostet also nicht unbedingt etwas, für mehr Bewegung im Alltag zu sorgen. Auch kommt eine Im-Wohnzimmer-Tanz-Party immer gut an. Mach gute Musik an, ruhig etwas lauter, und tanz zusammen mit deiner Familie einfach los!

Was hat das mit NLP zu tun? Bewegung sorgt für den Abbau von Stresshormonen. Nach einer Bewegungseinheit kann sich Entspannung einstellen und das Gehirn erlebt, dass das zuvor vielleicht stressende Ereignis nun beendet ist. In entspanntem Zustand können Erlebnisse und Lerninhalte besser verarbeitet werden. Ganz abgesehen davon fördert Bewegung die Entwicklung und Verfeinerung eines wichtigen Sinnessystems – des Körpergefühls. Da unsere Emotionen stark über Körpergefühle ausgedrückt und verarbeitet werden, können wir mit verbesserter körperlicher Geschicklichkeit auch Emotionen leichter steuern.

Stress nach Kita = Ausraster

Kennst du das auch? Kaum hast du dein fröhliches Kind von der Kita abgeholt und bist noch nicht einmal am Auto oder an der Bushaltestelle angekommen; womöglich bist du mit dem Laufrad noch auf dem Weg dorthin. Und plötzlich gibt es wie aus dem Nichts Ärger, Tränen, und Zickereien. Du kannst dir absolut nicht erklären, was hierfür der Auslöser ist. Vielleicht reagierst du auch gereizt, weil du von der Arbeit kommst und einfach nicht weißt, was los ist. Ein toller Start in den gemeinsamen restlichen Tag. Was ist hier schiefgelaufen, warum kam es zu dieser Eskalation?
Die Antwort lautet häufig Stress und Müdigkeit.

Natürlich kann es auch sein, dass dein Kind krank wird und etwas ausbrütet, aber diese Fälle sind ja Gott sei Dank nur die Ausnahme. Ein Tag in der Kita ist für alle Kinder anstrengend. Je kleiner sie sind, desto mehr gibt es zu verarbeiten, und desto anstrengender ist es, mit vielen Kinder auszukommen, das neu Gelernte zu verarbeiten, den Streit mit dem Freund zu überwinden. All das ist eine große Herausforderung für das Gehirn, den Körper und die Seele eines kleinen Menschen. Du kennst es sicherlich auch von deinen Kindern, dass sie abends aufdrehen, obwohl es schon kurz vor der Schlafenszeit ist und sie auch „irgendwie" müde sind. Aber es ist eben auch ein großer Schritt, diese Gefühle wahrzunehmen, sie richtig einzuordnen, zu benennen und dann auch noch nach ihnen zu handeln. Das können kleine Kinder noch nicht. Selbst bei Erwachsenen habe ich oft den Eindruck, dass sie nicht unbedingt auf das hören, was ihnen ihr Körper mitteilt. Es wäre zwar praktisch, wenn dein dreijähriges Kind dich mittags in der Kita fröhlich begrüßen würde und dir dann erst einmal mitteilen würde, dass es aus den Gründen X, Y und Z heute etwas gestresst sei und es noch die als ungerecht empfundene Situation mit der Erzieherin verarbeiten müsse. Nach dem Essen und einem Hörspiel sei es dann soweit.

Da das so nicht passieren wird, ist es deine Aufgabe, Empathie zu zeigen, die Gefühle deines Kindes erst einmal anzunehmen und zu akzeptieren, dass in deinem Kind gerade etwas vorgeht. Und dann kannst du auch ein schon etwas größeres Kind beispielsweise ein Stück tragen und ihm Geborgenheit und Sicherheit geben. Oder streichle ihm einfach über den Kopf und gib ihm ein Küsschen. Es gibt viele Möglichkeiten, um dein Kind fühlen zu lassen, dass du für es da bist und es liebhast. Mit dieser Sicherheit geht es deinem Kind auch viel besser. Und Stress lässt sich einfach gut mit Bewegung abbauen. Für Schulkinder eignet sich hierfür sehr gut der Rückweg von der Schule, der zu Fuß absolviert werden kann. Eine Extraeinheit Bewegung tut an solchen Tagen auch gut, denn Stresshormone werden durch Bewegung abgebaut. Wieder einmal ein Erbe aus der Urzeit. Begegneten unsere Vorfahren einem Säbelzahntiger oder Höhlenbären, ohne dies geplant zu haben, schüttete der Körper Unmengen von Stresshormonen (Adrenalin, Noradrenalin, Cortisol, Testosteron) aus. Dadurch konnte der Körper seine letzten Kraftreserven aktivieren und auch noch darüber hinaus gehen, um schneller fliehen zu können, also das Überleben zu sichern. Das Denken war in diesem Fall zweitrangig, die pure Muskelkraft zählte. Daher sind wir auch nicht gut in der Lage, unter Stress zu denken. Durch die Flucht, also die Bewegung, wurden diese Stresshormone wieder abgebaut. Heute jagt uns im Normalfall kein Säbelzahntiger mehr – außer mein vierjähriger Sohn ist gerade zu einem geworden. Er liebt es, einen Säbelzahntiger, ein Bison, einen Riesenkalmar oder auch ein Bakterium zu spielen. (Die Bakterien sind gerne Streptokokken und wollen durch die Eustachische Röhre, um anschließend im Ohr eine Mittelohrentzündung hervorzurufen. Sie werden dann von der Körperpolizei aufgehalten. Ja, es gibt die ausgefallensten Kinderspiele.) Sorge an solchen Tagen für zusätzliche Empathie, Zuwendung, Bewegung und/oder Ruhe. Du kennst dein Kind am besten und kannst anhand deiner Erfahrung entscheiden, ob es im Augenblick eher die Müdigkeit ist, die dein Kind plagt, oder eher der Stress. Du kannst dein Kind auch altersgerecht fragen, wie es ihm geht. Denke dabei bitte daran, auf dein eigenes Bauchgefühl zu hören!

Stressauslösende Langeweile

Unser Gehirn ist dafür geschaffen, ständig dazuzulernen. Das erhöht unsere Überlebenswahrscheinlichkeit. Damit Lernen attraktiv wird, gibt es im Gehirn ein Belohnungssystem: Der Botenstoff Dopamin, der Glücksgefühle auslöst, wird immer dann ausgeschüttet, wenn Menschen ein Aha-Erlebnis spüren, eine Erkenntnis dazugewonnen haben. Leider funktioniert das Belohnungssystem nicht bei Langeweile. Immer dann, wenn etwas langweilig ist, fangen Menschen an, zu träumen oder sich mit interessanteren Dingen zu beschäftigen. Passiert das in der Schule, bekommen sie es leider nicht mehr mit, wenn gerade etwas Neues erklärt wird. Das kann erklären, warum kluge Schüler nicht immer gut in der Schule sind.

Ist es nicht erlaubt, etwas anderes zu tun, so hilft sich das Gehirn damit, dass es Adrenalin, ein Stresshormon ausschüttet, um weiterhin konzentriert zu sein. Adrenalin verhindert den Abtransport von Dopamin und hält so den Dopaminspiegel hoch. Adrenalin macht körperlich stark für Flucht und Angriff und wird durch Bewegung wieder abgebaut. Wenn sich Kinder in der Schule langweilen und danach auch noch mit dem Auto nach Hause gebracht werden, haben sie keinerlei Gelegenheit, die Stresshormone wieder abzubauen. Der Stresspegel ist dann schon sehr hoch – das Fass ist bereits voll – und der kleinste Tropfen bringt es zum Überlaufen. Weitere Stresshormone wie Cortisol und Testosteron werden ausgeschüttet. Cortisol verursacht Denkblockaden und im schlimmsten Fall einen Blackout. Testosteron macht aggressiv.

Deshalb ist es besonders wichtig, dass sich dein Kind in der Schule nicht langweilt, sondern angemessen gefordert und gefördert wird. Lehrer haben die Aufgabe, eine komplette Klasse mit einer Vielzahl von Schülern mit unterschiedlichem Lerntempo zu unterrichten. Dabei richten sie sich oft nach dem langsamsten Kind, damit es auch eine Chance hat, mitzukommen. Für die anderen Kinder ist das fatal, besonders für die schnellen, deren Lerntempo dann kaum noch berücksichtigt wird. Sollte das bei deinem Kind so sein, dann bitte die Lehrkraft, deinem Kind anspruchsvollere Aufgaben zu geben, damit es Spaß am Lernen hat und das Dopaminsystem angekurbelt wird.

Bei meinem (Gudruns) Sohn, der sich in der Schule langweilte, forderte die Lehrerin leider aus „Gerechtigkeitsgründen", dass er zuerst alle Aufgaben erledigen sollte, die die anderen Kinder bekamen, danach dürfe er sich Zusatzaufgaben holen. Das war für ihn unattraktiv. Er sagte zu mir, dass er doch nicht doof sei und mehr als die anderen Schüler tun würde. Eine pragmatische und eine kluge Entscheidung. Leider scheiterte auf diese Weise das Projekt „individuelle Förderung" am Gerechtigkeitsbegriff der Lehrerin. Denn mehr vom Gleichen hilft bei Langeweile nicht. Was helfen würde: neues und anspruchsvolleres Material.

Falls die individuelle Förderung in der Schule misslingen sollte, kannst du noch einen weiteren Trumpf aus dem Ärmel ziehen: Erkläre deinem Kind zuerst, dass der Lehrer oft Gerechtigkeit so definiert, dass alle das Gleiche machen sollen; nicht, dass jeder das machen soll, was passend für ihn ist – das können Kinder schon verstehen.

Zeige deinem Kind dann, wie es sich nebenbei so beschäftigen kann, dass es in der Klasse nicht unangenehm auffällt. Wenn es erlaubt ist, kann Malen eine solche Beschäftigung sein, die leise ist und andere nicht stört. Außerdem kann man beim Malen weiter zuhören.

Ist Malen nicht erlaubt, eignet sich prima das Vorhaben „Lehrer dressieren". Das funktioniert nach dem Prinzip der Belohnung. Lehrer finden es meist attraktiv, wenn Schüler ihnen freundliche Aufmerksamkeit schenken. Das ist das lockende Zuckerle, das der Lehrer gerne haben möchte. Frage dein Kind, was der Lehrer aus seiner Sicht öfter tun sollte. Das können Handlungen sein wie Experimentieren, interessante Erklärungen, neue Themen, einen Witz erzählen, ein Quiz machen etc. Oder natürlich auch kleine lustige Marotten, die der Lehrer schon hat (sich durch das Haar streichen, sich am Ärmel zupfen, mit den Füßen wippen, ein bestimmtes Wort sagen etc.). Erkläre deinem Kind anschließend, dass es zunächst festlegen soll, was es dem Lehrer beibringen möchte. Danach soll es eine Strichliste machen, in der es notiert, wie oft der Lehrter das Verhalten bisher in einer Unterrichtsstunde ausführt. Das ist der Ausgangspunkt.

Nun kommt die Lehrerdressur dran. Sie funktioniert so: Das Kind beobachtet den Lehrer in den nächsten Zeit genau (das ist eine gute Möglichkeit, um konzentriert zu bleiben) und lächelt den Lehrer immer dann an, wenn er das getan hat oder gerade tut, was er aus Sicht des Kindes öfter tun sollte. Dadurch fühlt sich der Lehrer bestärkt, freut sich und führt dieses Verhalten wahrscheinlich öfter aus. Das geschieht unbewusst, der Lehrer merkt es gar nicht.

Zuletzt kommt die Kontrolle der Ergebnisse: Nun macht das Kind in einer Unterrichtsstunde eine neue Strichliste und überprüft, ob der Lehrer das Verhalten nun häufiger ausführt als früher. Üblicherweise fällt das Ergebnis des Versuchs positiv aus. Falls nicht, muss etwas am Experiment abgeändert werden. Vielleicht war der freundliche Blick noch nicht attraktiv genug für den Lehrer? Finde gemeinsam mit deinem Kind heraus, was die Gründe hierfür sein können.

Das ist wissenschaftliches Arbeiten, so werden Experimente gemacht. Dein Kind lernt so genaues Arbeiten und es bemerkt, dass es Einfluss auf die Welt hat.

Egal, was der Lehrer auch immer tut und was dein Kind verstärkt: Das Kind bleibt konzentriert und hat Spaß dabei. Der Lehrer hat auch gute Laune, was wiederum positiv für den Unterricht ist. Und wenn der Lehrer seinen Job gut macht, bietet er öfter neue Themen an und wird immer besser darin, seine Klasse zu unterrichten.

Zusätzlich lernt dein Kind, wie Lernen durch Belohnung funktioniert und wie es korrekt experimentiert – für die meisten schnellen Kinder ist das interessant.

Kreative Langeweile

Langeweile ist nicht gleich Langeweile. Wenn von mir nicht erwartet wird, mich mit einem für mich langweiligen Thema zu beschäftigen (wie zum Beispiel in der Schule), ist Langeweile ein Quell für Träume und kreative Ideen.

Heutzutage neigen viele Menschen dazu, immer mehr Dinge in kürzerer Zeit zu erledigen, immer erreichbar zu sein und aus der Freizeit immer ein Event zu machen. Aus Langeweile an einem verregneten Sonntagnachmittag auf die Idee zu kommen, aus den Gartenstuhlpolstern eine Höhle zu bauen, ist anscheinend völlig aus der Mode gekommen. Es ist kein Raum für kreative Langeweile da, obwohl sie für die Entwicklung von Kindern so wichtig ist. Aus Langeweile entsteht die Fähigkeit, kreative Lösungen zu finden. Kinder sind heute häufig schon früh einem regelrechten Freizeitstress ausgesetzt. Verabredungen nach der Kita, Sport, Musik, Fremdsprachenunterricht. Viele Kinder sind dadurch so überdreht, dass sie abends nicht schlafen können; oder sie sind einfach überfordert und das bringen sie meist mit einem äußerst charmanten Verhaltensrepertoire zum Ausdruck. Zeit und Raum für ruhige Gedanken, ausruhen, einfach mal nichts tun und Langeweile erleben sind kaum vorhanden. Doch gerade Kinder müssen diesen Raum haben. Sie lernen jeden Tag eine Vielzahl an Dingen und müssen die Gelegenheit haben, diese Erfahrungen zu verarbeiten. Wie soll das bei Dauerstress möglich sein? Sicher möchte ich meinem Kind einen guten Start in diese manchmal harte Welt geben und ihm alles ermöglichen, nur ist die Frage, ob das der richtige Weg ist. Ist es nicht besser, wenn ich meinem Kind Widerstandskraft beibringe und vorlebe, wie es im Alltag mit Stress umgehen kann? Wie es Ruheoasen findet und nutzt? Wie es respektvoll mit seinen eigenen Ressourcen umgeht? Wer seinen Kindern früh vorlebt, dass es auch für ruhige Momente Raum gibt, und es wichtig ist, auch mal die Seele baumeln zu lassen, macht ihnen ein wertvolles Geschenk fürs Leben.

Körper, Geist und Seele können auf Dauer nur gesund bleiben, wenn sie sowohl aktive als auch ruhige Zeiten haben. Lebe deinem Kind diese Achtsamkeit vor – auch du hast etwas davon.

Übung: Lebensbereiche im Gleichgewicht

1. Stell dir vor, du stehst in der Mitte eines Kreises und um dich herum gibt es die Bereiche Arbeit, Freizeit, Familie, Entspannung, Gesundheit. Für jeden dieser Bereiche kannst du einen Zettel nehmen und ihn entsprechend beschriften.
2. Lege nun die beschrifteten Zettel in einem Kreis um dich herum aus, und zwar so, dass du diejenigen, mit deren Begriffen du Gutes assoziierst, näher zu dir legst und die anderen weiter weg.
3. Nun dreh dich jeweils in die Richtung eines Zettels und spüre, ob er so gut liegt, oder ob du die Position verändern möchtest. Sie muss gleich oder besser sein, wenn du sie veränderst. Ist dies nicht der Fall, kannst du den Zettel an den Ausgangspunkt zurücklegen. Das wiederholst du mit jedem einzelnen Zettel. Vielleicht gibt es auch Zettel, die eine Ergänzung benötigen, wie beispielsweise Ideen für Entspannung oder Gesundheit. Oder Ideen, wie etwas, was dir weniger angenehm ist, angenehmer für dich werden kann, und du das Thema auf diese Weise näher an dich heranholen kannst. Dann ergänze dies.
4. Wenn du damit fertig bist und alle Bereiche einen für dich angenehmen Abstand und eine angenehme Position haben, kannst du dich ganz entspannt in die Mitte stellen und spüren, wie deine Lebensbereiche um dich herum im Gleichgewicht sind.

Was hat das mit NLP zu tun? Die Beziehung zu allen Themen unseres Lebens (Personen, Ideen, Lebensbereiche etc.) verarbeitet unser Gehirn, indem es ihnen in unserem mentalen Raum einen Ort zuordnet. Mit manchen Themen fühlen wir uns zeitenweise konfrontiert, andere sitzen uns regelrecht dauerhaft im Nacken; wir nähern uns vorsichtig an oder distanzieren uns von ihnen; manche liegen uns am Herzen oder bilden den stabilen Boden, auf dem wir stehen; wir haben sie im Blick oder auch nicht. All das sind räumliche Beschreibungen. Habe ich die Themen so um mich herum geordnet, dass ich mich in ihrer Mitte im Gleichgewicht fühle, begünstigt das mein Immunsystem und damit auch meine Gesundheit.

Resilienz – Teil 2

Erinnerst du dich noch an den Anfang dieses Buchs? Dort wurde beschrieben, was Resilienz ist und wie du deine Resilienz und die deiner Kinder stärken kannst. Nun hast du bereits viel gelesen, mehrere Übungen gemacht, neue Erkenntnisse gewonnen und sicherlich auch schon einiges umgesetzt. Deine Resilienz ist dadurch bereits stärker geworden. Jedes Kapitel des Buchs trägt dazu bei, dass du besser mit Veränderungen in deinem Leben umgehen kannst. Du kannst deinen Kindern nun beibringen, wie sie flexibel sein können und wie feste, verlässliche und liebevolle Bindungen funktionieren. Sie haben erlebt, wie du ihnen Freude an Wissen und Lernen vermittelst und vorlebst. Außerdem hast du dich damit beschäftigt, wie wichtig die körperliche und seelische Gesundheit ist und was du in dieser Hinsicht für dich tun kannst.
Resilienz ist die Kraft, die dir hilft, dein Leben liebevoll, glücklich, selbstbewusst, gesund und erfolgreich zu leben.

Salutogene – Teil 2

Auch die Salutogenese wurde am Anfang des Buchs erklärt. Hierbei geht es darum, zu verstehen, wie Gesundheit entsteht.
Dabei ist das Kohärenzgefühl eines Menschen zentral. Du erinnerst dich sicher noch an die Bestimmungsstücke:

Verstehbarkeit

Bewältigbarkeit

Bedeutsamkeit

Du kannst sie gerne noch einmal ganz vorne im Buch nachschlagen. Da sowohl die Resilienz als auch die Salutogenese wichtige Aspekte für den Bereich Gesundheit darstellen, werden sie an dieser Stelle nochmals als Erinnerungsstütze erwähnt, auch wenn sie bereits zu Beginn des Buchs ausführlicher vorgestellt wurden.

Übung: Gesundheitsnetz Teil 2

Nun hast du die Kapitel zum Thema Gesundheit sowie zu anderen Themen gelesen und kannst für dich und deine Familie dein persönliches Gesundheitsnetz erneut weben. Dieses ist nicht statisch, es kann sich weiterentwickeln und verändern, so wie du, deine Kinder und dein Leben sich wandeln. Passe das Netz deinem aktuellen Leben an.
Entwickle nun dein persönliches Gesundheitsnetz mit den Begriffen, die dir jetzt in Bezug auf deine Gesundheit wichtig sind.

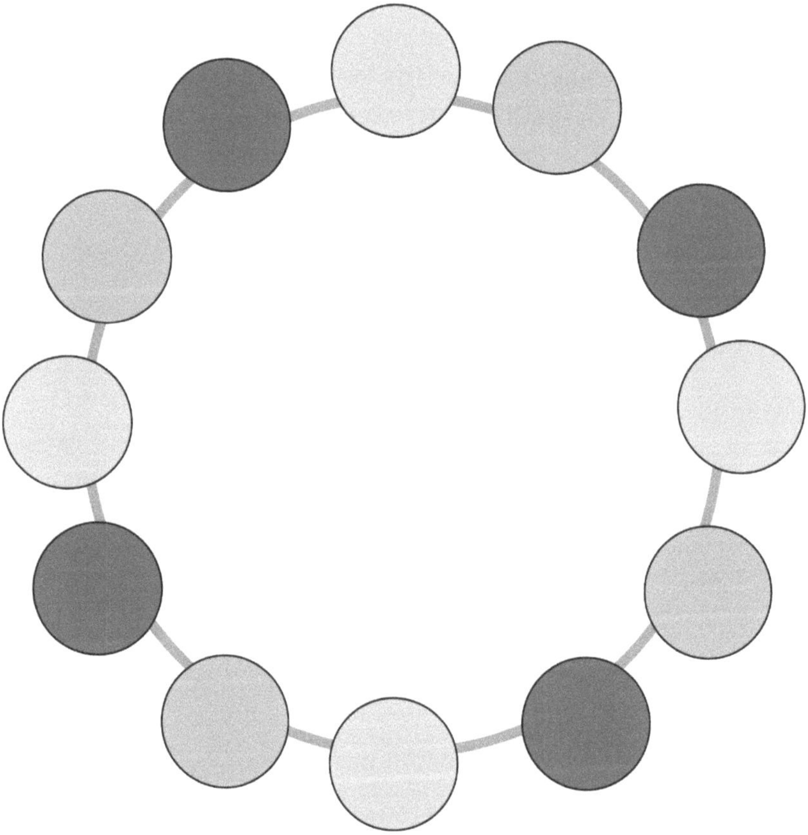

PERSPEKTIVEN FÜR DIE ZUKUNFT

Jeder Mensch möchte Ziele erreichen. Sei es einen bestimmten Beruf auszuüben, ein eigenes Haus zu haben, glücklich zu sein, viel zu reisen oder ein Instrument spielen zu können. Perspektiven sind Möglichkeiten für die Zukunft. Persönliche Ziele, die einen Menschen glücklich, zufrieden und stolz machen, sobald er sie erreicht hat. Ein Ziel von mir war es zum Beispiel, ein Buch zu veröffentlichen. Von der allerersten Idee bis zur Veröffentlichung hat es Jahre gedauert, aber ich habe das Ziel immer im Auge behalten, darauf hingearbeitet und mit Gudrun eine tolle Mitautorin gefunden. Im Jahr 2020 hat es dann geklappt: Wir haben das Buch ***Auch Mamas sind mal wütich!*** veröffentlicht und darüber war und bin ich nach wie vor sehr glücklich.

Ziele

Viele verfolgen hartnäckig den Weg,

den sie gewählt haben,

aber nur wenige das Ziel.

Friedrich Nietzsche

Ein Ziel ist etwas, das du in der Zukunft erreichen möchtest. Es gibt große Ziele und kleine. Wichtige und weniger wichtige. Die Gemeinsamkeit aller Ziele ist, dass sie näher oder weiter in der Zukunft liegen und jemand sie erreichen möchte. Um ein Ziel zu erreichen, musst du Zeit und Energie investieren, Pläne entwickeln, für Probleme Lösungen finden, Durchhaltevermögen haben und noch einiges mehr. Ziele können recht sachlich oder ein Herzenswunsch sein. Und davon hängt auch die Motivation ab, die du aufbringen kannst, um dein Ziel zu erreichen. Je mehr du ein sachliches Ziel verfolgst, desto mehr Disziplin benötigst du, um es zu erreichen. Ist es ein Herzenswunsch, bist du vom Herzen her motiviert und es ist einfacher, das Ziel zu erreichen.

Wie setze ich Ziele?

Die Abkürzung S.M.A.R.T. steht für die Begriffe spezifisch, messbar, attraktiv, realistisch und terminiert. Wenn du dein Ziel anhand dieser Kriterien ausrichtest, hast du gute Voraussetzungen geschaffen, um es auch zu erreichen. Wenn du dann noch innerhalb der nächsten 48 Stunden damit beginnst, den ersten Schritt in Richtung Zielerreichung zu machen, bist du auf dem richtigen Weg. Aber was bedeuten diese Kriterien genau?

Anhand der Beispielsituation (den Tisch gutgelaunt gemeinsam abräumen) erkläre ich die Kriterien:

S.M.A.R.T.	Erklärung	Beispiel
Spezifisch	Das Ziel ist exakt formuliert, nicht oberflächlich und allgemein, sondern ganz konkret.	Der Tisch ist komplett aufgeräumt und abgeswischt. Alle Beteiligten haben gute Laune.
Messbar	Das Ziel ist messbar. Du kannst also kontrollieren, ob du es erreicht hast oder nicht.	Sind Besteck, Teller, Brettchen, Gläser etc. abgeräumt? Liegen noch Krümel auf dem Tisch oder sind noch irgendwo ein Klecks Marmelade oder ein Milchsee? Wie ist Mimik und Haltung der einzelnen Beteiligten.
Attraktiv	Das Ziel ist für dich und alle anderen Beteiligten attraktiv.	Für mich: Ich bin schneller fertig Für die Kinder: Nach dem gemeinsamen Abräumen ist noch genug Zeit für gemeinsames Spielen, Vorlesen, ein Hörspiel etc.
Realisitisch	Das Ziel ist wirklich erreichbar.	Kann das Kind bereits Gläser, Brettchen oder den Brotkorb abräumen?
Terminiert	Es ist klar, wann genau das Ziel erreicht ist, es gibt einen festen Termin.	Direkt im Anschluss an das Essen wird abgeräumt.

In dem Beispiel kannst du alle S.M.A.R.T.-Kriterien mit „ja" beantworten, sodass dein Ziel positiv formuliert und somit erreichbar ist. Viel Spaß bei der Umsetzung deines individuellen Ziels! Sollte einer der Punkte nicht erfüllt sein, dann überarbeitest du das Ziel. Passt die Uhrzeit nicht? Kann das Kind Gläser noch nicht sicher tragen? Ist die Geschichte für dich und dein Kind attraktiv oder ist es attraktiver, wenn dein Kind noch 15 Minuten spielen darf?

Bei Zielsetzungen, die andere miteinbeziehen (hier Kinder), ist es wichtig, dass das Ziel auch attraktiv für die Person ist, die es betrifft (dein Kind) – nicht nur für die Eltern! Probiere diese Strategie aus. Sie funktioniert auch bei Zielen von uns Erwachsenen! Glückliche Eltern sind so wichtig wie glückliche Kinder.

Handelt es sich bei den Zielen um ein größeres Ziel, ist es sinnvoll, es in kleinere Teilziele zu unterteilen. Sie können überblickt werden und versprechen schnelleren Erfolg. Dauert es zu lange, ein Ziel zu erreichen, schwindet die Motivation. Es ist also wichtig, sein Vorhaben in gut erreichbare Teilziele zu unterteilen. Feiere erreichte Teilziele. Und beginne innerhalb von 48 Stunden, damit du auch wirklich anfängst und den Start nicht auf den Sankt-Nimmerleinstag verschiebst.

Hürden auf dem Weg zum Ziel überwinden

Manchmal tauchen auf dem Weg zum Ziel Hürden auf. Mal sind sie klein, mal groß. Und manchmal erscheinen sie unüberwindbar. Wie kann ich in solch einem Fall damit umgehen, Lösungen finden – bestenfalls gemeinsam mit den Kindern –, damit ich ihnen beibringen kann, Probleme konstruktiv zu lösen.

Schritt 1: Was ist das Problem?

Schritt 2: Wie kann es gelöst werden?

Schritt 3: Was brauche ich dafür?

Schritt 4: Brauche ich dabei Hilfe?

Schritt 5: Wer kann mir helfen?

Das Spannende daran ist, dass es nicht immer aktives Eingreifen ist, das Hilfe ausmacht. Oft sind es bereits die richtigen Fragen, die bei der Problemlösung helfen. Hierbei kommt es allerdings immer auf die jeweilige Situation an. Die Fragen sind nicht dazu da, das Kind (oder sich selbst) in einer Problemsituation zu quälen. Wenn die emotionale Betroffenheit so groß ist, dass ein normales Denken, das für die Problemlösung unerlässlich ist, im Moment nicht möglich ist, hilf deinem Kind und besprich später andere Möglichkeiten für zukünftige ähnliche Situationen. Wenn diese Strategie oft genug angewandt wurde, automatisiert sie sich, und du selbst und deine Familienmitglieder stellen sich von selbst diese Fragen, wenn es ein Problem gibt.
Wenn du die Fragen für dein Kind formulierst, kannst du sagen:

Frage dich mal:

- Was genau klappt nicht?
- Habe ich schon genau hingeschaut?
- Habe ich so ein ähnliches Problem schon mal gelöst?
- Wie würde ich das Problem denn lösen?
- Wie würde XY (eine Person, der das Kind Kompetenz zuspricht) das Problem lösen?
- Wenn das Problem schon gelöst wäre, wie habe ich das geschafft?

Manchmal fehlt nur ein Gegenüber, um einmal laut zu denken oder einen neuen Impuls zu geben, damit eine Lösung ins Blickfeld treten kann. An dieser Stelle ist es auch sinnvoll, zu sagen, dass ich eine Lösung finde und nicht suche. Suchen kann Aufwand bedeuten und anstrengend werden. Wenn ich etwas finde, impliziert das den Erfolg bereits. Ich setze also die positive Vorannahme, dass es auf jeden Fall eine Lösung für das Problem gibt und ich sie finde, was wiederum meine Erfolgschancen erhöht.

Übung: Vom Problem zur Lösung

Wenn sich das nächste Mal ein Problem ergibt, dann stell dir folgende Fragen:

Schritt 1: Was genau klappt nicht?

Schritt 2: Habe ich schon genau hingeschaut?

Schritt 3: Habe ich ein ähnliches Problem schon einmal gelöst?

Schritt 4: Wenn es eine Lösung gäbe, wie würde ich das Problem dann lösen?

Schritt 5: Wie würde XY (eine Person, der ich Kompetenz zuspreche) das Problem lösen?

Schritt 6: Wenn das Problem schon gelöst wäre, wie hätte ich das geschafft?

Mach das auch mit deinen Kindern. Der Ruf: „Mama, ich brauche Hilfe!" kann hierfür der perfekte Anlass sein. Leite dein Kind Schritt für Schritt durch diese Lösungsstrategie.
Was hat das mit NLP zu tun? Eine Grundvorgehensweise im NLP ist es, zu lernen, möglichst schnell an die eigenen Kraftquellen und Fähigkeiten zu gelangen, die es mir ermöglichen, Probleme kreativ zu lösen. Hierfür ist es wichtig, sich zunächst in einen guten Zustand zu bringen, damit die Gedanken einen sinnvollen Weg einschlagen und hilfreiche Erinnerungen abrufen. Die aufgeführten Fragen helfen dir dabei, den Problemzustand in einen Lösungszustand zu wandeln. So kannst du diese hilfreiche Strategie erlernen und deine Kinder dabei anleiten, ebenso lösungsorientiert zu denken.

Wie gehe ich mit Problemen um?

Es gibt einen guten Spruch mit Hinfallen und Krönchen richten. Er trifft im Leben wohl immer wieder zu. Doch so etwas zu lesen und gut zu finden ist die eine Sache, es gekonnt im Leben umzusetzen die andere. Ein Rückschlag kann einen schon mal richtig heftig treffen. Dann können Kinder mit ihren Forderungen und Bedürfnissen Eltern auch an den Rand des Machbaren bringen. In der Akutphase gilt erst einmal: überleben. Das bedeutet, Erziehung ist nur angebracht, wenn es beiden gut geht. Lass also Forderungen, Regeln und Verbote sein und sammle zunächst Kraft. Schau, was dir guttut. Um mit Rückschlägen umzugehen, helfen je nach Situation die Grundgedanken der Resilienz und der Feedbackgedanke. Es gibt kein Versagen, sondern nur Feedback. Schaue ruhig noch einmal in den jeweiligen Kapiteln nach. Es geht nicht darum, alles durch eine rosa Brille zu betrachten. Manche Sachen sind einfach Mist, da lässt sich nicht drum herumreden. Letztendlich ist aber der Umgang mit einem Rückschlag entscheidend. Mit deinem Verhalten dienst du deinen Kindern auch wieder als Vorbild. So können deine Kinder von dir lernen, wie sie in solchen Situationen vorgehen können.

Ein Rückschlag bedeutet nur, dass du deinem Ziel nicht nähergekommen bist oder dich etwas von ihm entfernt hast. Mehr nicht. Er kann die Chance auf neue Wege sein oder die Gelegenheit, das Ziel neu zu überdenken. Er bietet die Chance, um zu wachsen und kreativ zu werden. Rückschläge sind Herausforderungen. Bei einem Rückschlag darfst du auch weinen, denn danach geht es dir meist besser. Ziele sind mit Emotionen verbunden und wenn diese nicht so erreicht werden können, wie du es geplant hast oder etwas dazwischenkommt, dann ist es gut, wenn du deine Emotionen annehmen und ausleben darfst und kannst. Wenn du dein Ziel erreicht hast, dann freue dich auch und lache. Bei einem Rückschlag ist es wichtig, dass du nicht in dieser Emotion hängen bleibst, sondern deinen Blick wieder auf dein Ziel richtest und auf den Weg, durch den du es nun erreichen kannst. So ähnlich wie bei dem Spiel Verrücktes Labyrinth, wenn du einfach herausgeschoben wirst, obwohl du ganz knapp davor warst, das nächste Ziel zu erreichen. Und an dieser Stelle greift auch wieder der eben erwähnte Spruch für Stehaufmännchen: Mach weiter, auch wenn es mal nicht so gut läuft.

Übung: Daumen hoch

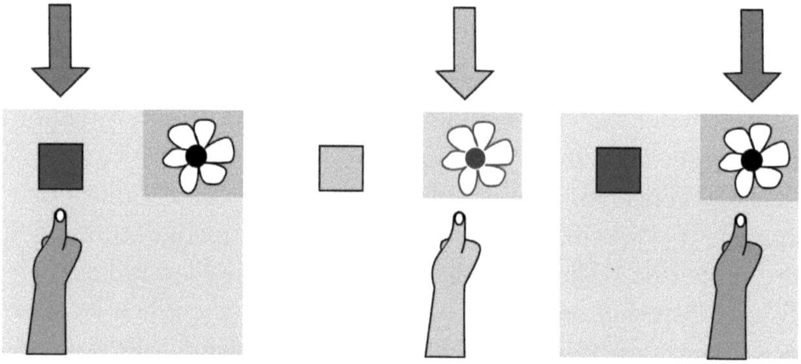

Mit der Daumenhochübung kannst du erleben, wie du dir ein Ziel setzen und es ganz einfach spielerisch erreichen kannst.

Dauer: ca. fünf Minuten

1. Stell dich so im Raum auf, dass du dich mit zur Seite gestreckten Armen drehen kannst, ohne etwas zu berühren.
2. Platziere deine Füße schulterbreit und bleib während der ganzen Übung genau so stehen.
3. Hebe nun den rechten Arm bis auf Schulterhöhe zur Seite und streck den Daumen nach oben.
4. Dreh dich nun über deine rechte Schulter so weit nach hinten, wie du es schaffst, und merke dir den Ort, den du oberhalb des Daumens siehst, und den Ort, den du hättest sehen können, wenn du 15 Zentimeter weiter gekommen wärst.

5. Komm in die Ausgangslage zurück und lass die Füße weiterhin genau so stehen.
6. Schließ nun deine Augen und stell dir vor, wie du wieder den rechten Arm hebst, den rechten Daumen hebst, dich über deine rechte Schulter nach hinten drehst, es dieses Mal 15 Zentimeter weiter schaffst, und die neue Stelle über deinem Daumen sehen kannst.
7. Wiederhole diese Vorstellung dreimal hintereinander und öffne dann deine Augen.
8. Hebe nun wirklich den rechten Arm und den rechten Daumen, drehe dich so weit nach hinten, wie du es schaffst, und schaue, was du oberhalb deines Daumens siehst.

Vermutlich bist du beim zweiten Test weitergekommen als beim ersten. Diese Übung kannst du auch sehr gut mit deinen Kindern machen!

Was hat das mit NLP zu tun? Die Übung „Daumen hoch" kann dir auf einfache und schnelle Weise beweisen, wie gut NLP-Zielformulierungen funktionieren. Wenn du das, was du erreichen möchtest, bereits jetzt in Gedanken mit allen Sinnen erlebst, als wäre es bereits erreicht, wird dein Unbewusstes dir jede Gelegenheit aufzeigen, um dieses Ziel in die Realität umsetzen, falls das Ziel für dich wirklich attraktiv ist.

Gesunde Umwelt

Wenn du Angst vor der Zukunft hast, weil zum Beispiel die Umweltverschmutzung immer mehr zunimmt, fällt es dir vielleicht schwer, Pläne zu schmieden und Vertrauen in die Zukunft zu haben. Wenn das Damoklesschwert der Naturkatastrophen, die der Mensch verursacht, über der eigenen Zukunft schwebt, kommen Unsicherheit und Angst auf. Somit ist es für die Zukunft der Menschen, also auch für die deiner Kinder, wichtig, eine intakte Umwelt zu haben. Daher kannst du schon früh damit beginnen, deinen Kindern den Respekt vor der Umwelt, der Natur, vor Tieren und Menschen beizubringen. Wenn das Bonbonpapier aus der Tasche fällt, dann heb es auf. Das kostet nichts! Wenn du einen Weg zu Fuß oder mit dem Fahrrad erledigen kannst, dann mach das. Es kostet nichts! Lass nicht zu, dass Käfer, Schnecken oder andere kleine Tiere mutwillig zertreten werden. Das kostet nichts! Gehe stattdessen nach draußen. Entdecke Vögel, Bäume, Sträucher; berühre die Natur, rieche sie und schmecke sie. (Wild-)Kräuter, Obst und Gemüse sind gut dafür geeignet, um Kindern zu zeigen, wie diese wachsen. Egal, welches Budget du hast, es gibt immer Möglichkeiten, um nachhaltig, umweltbewusst und zukunftsorientiert zu handeln. Brotdosen und Trinkflaschen aus Edelstahl halten ein ganzes Leben lang. Nutzt du in der Obstabteilung des Supermarkts die kleinen Plastikbeutel? Oder gibt es hierfür auch andere Möglichkeiten? Das sind nur zwei von unzähligen Beispielen, die zeigen, dass kleine Entscheidungen im Alltag in der Summe viel ausmachen.

Entwickle eine Vision von dir selbst

Manchmal geht im Alltag verloren, was das Wesentliche im Leben ist. Mach dir von Zeit zu Zeit bewusst, worum es in deinem Leben gehen soll, was dir wichtig ist. Das bringt dich wieder auf Spur. Stell dir hin und wieder folgende Fragen und beantworte diese schriftlich für dich, um zu erkennen, worum es gerade geht.

- Was macht mich aus?
- Was kann ich gut?
- Was ist mir wichtig?
- Was macht mir Freude?
- Wie genau fühlt sich Glück an? Und wie kann ich mehr davon empfinden?
- Wer möchte ich sein?
- Wie möchte ich sein?
- Was möchte ich tun?
- Mit wem möchte ich zusammen sein?

ANHANG 1: GLÜCKLICHSEIN TRAINIEREN

NLP ist eine Methode, mit der man außergewöhnliche eigene Erfahrungen und auch die Fähigkeiten anderer Menschen herausfinden und analysieren kann. Diese Fähigkeiten kannst du selbst erlernen und auf sehr effektive und leichte Weise an andere Menschen weitervermitteln.

Die erste Übung hilft dir dabei, deine persönlichen Glücksmomente zu aktivieren und zu verstärken. Natürlich kannst du auch deine Kinder durch die Übung begleiten und ihnen so beibringen, wie sie Glücksmomente hervorrufen und nutzen können.

Die zweite Übung ist das Resultat der Beschreibungen und Anleitungen verschiedener Meditationstechniken, die Glücksgefühle und die dazu passenden Haltungen nutzen. Wenn du der beschriebenen Strategie folgst, schüttet dein Körper Glückshormone aus. Je öfter du die Übung machst, desto mehr Glücksgefühle kannst du erleben.

Übung: Begegnung mit einer Fee

Stell dir vor, du begegnest einer guten Fee. Durch eine klitzekleine Bewegung ihres Zauberstabs bewirkt sie, dass ein wenig glitzernder Feenstaub auf dich herabregnet. Und plötzlich spürst du, dass du zu den Menschen gehörst, die glücklich, erfolgreich und selbstbewusst sind.
Was genau ist jetzt anders?

Wie genau fühlt sich dein Körper an?

Eher schwer oder leicht? Eher eng oder weit?

Eher hart oder weich? Eher angespannt oder gelöst?

Spürst du ein Fließen, Kribbeln, Strömen, Strahlen, oder etwas anderes?

An welcher Stelle deines Körpers nimmst du diese Gefühle wahr? Dehnen sich die Gefühle aus, wandern sie oder bleiben sie an einer Stelle? Vielleicht spürst du sie auch in deinem gesamten Körper?

Notiere dir hier deine Körpergefühle genau:

Frage dich nun:

Wie kann ich diese Gefühle des Glücks, des Erfolgs und des Selbstbewusstseins immer häufiger und intensiver fühlen?

Wie komme ich auf den Weg, der mich dorthin bringt?

Lass dich von deiner Intuition überraschen, welche Ideen dir hierzu einfallen.

Notiere dir hier deine Ideen:

Falls du einmal auf einem ungünstigen Pfad bist und deine angenehmen Körpergefühle vermisst, dann wiederhole diese Übung. Denn Körpergefühle sind dein Kompass, der dir den Weg zum Glück weist. Immer dann, wenn du auf dem richtigen Weg bist, werden sich die angenehmen Gefühle verstärken.

Übung: Die passende Körperhaltung lässt Glückshormone sprudeln

Glück ist eine Emotion.
Emotionen setzen sich zusammen aus Körperempfindungen und Gedanken, die sich wiederum auf Mimik, Gestik und Körperhaltung auswirken. Die Folge davon ist die Ausschüttung bestimmter Hormone. Hierbei geht es also um die innere und äußere Haltung.
Wenn Menschen Glück empfinden, werden die Hormone Endorphin, Oxytocin sowie die Neurotransmitter Dopamin und Serotonin ausgeschüttet.
Die Ausschüttung von Hormonen bzw. Neurotransmittern ist gekoppelt an Körperhaltung, Mimik und Gestik, das heißt an Muskelspannungen.
Nachfolgend findest du eine Beschreibung, wie du deinen Körper steuern kannst, damit die oben erwähnten Hormone ausgeschüttet werden.
Menschen, die Glück empfinden, berichten üblicherweise von folgenden körperlichen Ereignissen, Empfindungen und Vorstellungen:

1. Freude:	• Lächeln auf den Lippen und lächelnde Augen
2. Kraft:	• sich nach oben gezogen fühlen • Öffnung/Durchlässigkeit des Kopfes nach Oben (Empfangen von Energie/hellem Licht)
3. Sympathie:	• Öffnung im Brustbereich/Herz nach vorne (Austausch der Energie von Mensch zu Mensch)

Die oben beschriebenen Haltungen sind typische Haltungen für Gebete und Meditationsformen, die in vielen Religionen ausgeübt werden. Es handelt sich also um alte Weisheiten, die du mit und ohne Glauben an ein höheres Wesen nutzen kannst, um im eignen Körper Glücksgefühle zu erzeugen.
Bist du erst einmal in der Lage, im eigenen Körper Glücksgefühle auszulösen, so werden auch unangenehme Dinge zu spannenden Herausforderungen.
Du kannst dies im Mentaltraining testen: Denk an eine schwierige Situation mit deinem Kind und behalte dabei die Glückshaltung bei. Wie gehst du mit dieser Situation und mit deinem Kind um?

ANHANG 2: EXPERIMENTE FÜR KLEINE FORSCHER

Ein Regenbogen im Glas

Zeitaufwand: ca. 25 Minuten

Du brauchst:

- Wasser (300 ml)
- Wasserfarben
- Pinsel
- zwei kleine Wassergläser
- 40 g Kochsalz (vier gehäufte Teelöffel)
- 20 ml beliebiges Speiseöl
- schlanke hohe Glasvase oder Messzylinder
- drei große Kunststoffpipetten oder Spritzen (7 ml)

So geht's:

1. Fülle Wassergläser mit je etwa 150 ml Wasser.
2. Gib vier gehäufte Teelöffel mit Salz (40 g) in eines der Gläser und verrühre alles, bis sich das Salz aufgelöst hat.
3. Färbe das Wasser in beiden Gläsern mit einem Pinsel und unterschiedlichen Wasserfarben aus dem Tuschkasten.
4. Fülle eine Pipette mit etwa 20 ml Speiseöl und gib es auf den Boden der Vase.
5. Fülle jetzt eine weitere Pipette mit dem farbigen Wasser aus dem Glas ohne Salz. Führe die Spitze vorsichtig am Rand der Vase entlang unter das Öl und drücke die Flüssigkeit dort heraus.

6. Fülle nun eine Pipette mit dem farbigen Salzwasser. Führe die Spitze vorsichtig am Rand der Vase unter die beiden anderen Schichten und platziere dort die Flüssigkeit. Fertig ist der Regenbogen!

Warum es funktioniert?

Die Flüssigkeiten haben eine unterschiedliche Dichte, weshalb sie sich in der Vase schichten. Die Dichte besagt, ob ein Körper oder eine Flüssigkeit eher leicht oder eher schwer ist – im Vergleich zum gleichen Volumen eines anderen Körpers oder einer anderen Flüssigkeit. Die Flüssigkeit mit der höchsten Dichte ist die schwerste Schicht ganz unten, in unserem Fall diejenige mit dem Salz.

Lavendelparfüm

Zeitaufwand: ca. 35 Minuten

Lavendel kommt ursprünglich aus dem Mittelmeerraum und wird zur Gewinnung von Duftstoffen verwendet. Aus ihm kann auch Honig gemacht werden. Zudem wird er als Heilpflanze genutzt: Er hat eine beruhigende Wirkung und hilft beim Einschlafen.

Du brauchst:

Lavendelblüten, eine Glasschale, ca. 30 ml Wasser, ein Glas mit Deckel, Filterpapier, einen Kaffeefilter (alternativ einen Trichter oder ein Teeei), einen Löffel und ein Glas.

So geht's:

1. Zerdrücke etwa drei Teelöffel Lavendelblüten mit einem Löffel in der Glasschale (achte darauf, dass der Lavendel danach fein ist). Wie haben sich die Blüten angefühlt? Schau dir vorher und nachher die Blüten einmal genau an. Wo liegt der Unterschied? Schnupper auch an den Blüten!
2. Vermische nun die Blüten mit dem Wasser und rühre vorsichtig um. Lass die Flüssigkeit ziehen. Ändert sich die Farbe? Schau genau hin.
3. Stell nun den Kaffeefilter, in den du das Filterpapier gelegt hast, auf das Glas und gieße langsam das Blütenwasser in den Kaffeefilter.
4. Gieße nun das Lavendelparfüm in dein Glas mit Deckel. Pass auf, dass alles im Glas landet!

Wenn du magst, kannst du dein Glas jetzt noch verzieren.

Wie Vitamine sichtbar werden

Zeitaufwand: ca. 20 Minuten

Du brauchst:

- klares Speiseöl wie zum Beispiel Erdnussöl (Vorsicht als Allergiker)
- Möhren
- eine Pfanne
- ein Messer

So geht's:

1. Schäle die Möhren und schneide sie in kleine Stücke. Gib etwas Öl in die Pfanne und die Möhren hinzu. Lass sie nun in der Pfanne garen, bis sie weich sind.
2. Wenn die Möhren weich sind, gieße das Öl mithilfe eines Erwachsenen in ein Glas. Nun kannst du die Öle vergleichen. Das Öl aus der Flasche ist klar, das aus der Pfanne ist orange.
3. Wir haben die Vitamine der Möhre sichtbar gemacht und gleichzeitig schmackhafte Möhren zubereitet!

Warum es funktioniert?

Durch das Erwärmen der Möhren im Öl löst sich ein Stoff (Beta-Carotin) und verbindet sich mit dem Fett. So entsteht eine Vorstufe des Vitamin A. Und diese können wir als orange gefärbtes Öl sehen.

Eier schweben mit Salz

Zeitaufwand: ca. fünf bis zehn Minuten

Du brauchst:

- 1 Glas
- 1 rohes Ei
- Löffel
- Wasser

So geht's:

1. Fülle ein Glas mit Wasser
2. Gib das Ei vorsichtig mit einem Löffel in das Glas
3. Löse das Salz im Wasser auf. So viel, bis das Ei schwebt.

Warum es funktioniert?

Das Ei sinkt im Glas zu Boden, weil es schwerer als das Wasser ist. Je mehr Salz du im Glas auflöst, desto schwerer wird das Wasser. In der Fachsprache heißt es: Seine Dichte nimmt zu. Irgendwann hat das Salzwasser eine größere Dichte als das Ei. Es lässt sich nicht mehr von dem Ei verdrängen, das Wasser trägt das Ei und es schwimmt.

Hinweise zu unseren Angeboten:

Trainernetzwerk

Kirsten Frielinghausen-Labitzky	Gudrun Heinrichmeyer
www.mama-impulse.eu	www.nlp-impulse.com

- Ausbildungen in NLP, Hypnocoaching und systemischen Verfahren
- maßgeschneiderte Bildungsmaßnahmen und Projekte
- Einzel- und Gruppenberatung wie Coaching, Psychotherapie und Supervision
- Lerncoachings
- Seminare und Vorträge u.a. zum Thema Lernen, Erziehungsfragen

Präsenz- und Online-Seminare zu Themen rund um das Familienleben

Mail: info@mama-impulse.eu Telefon: 0170 7091699 Instagram: mama_impulse	Mail: info@nlp-impulse.com Telefon: 0160 97708876 Instagram: nlp_impulse
Mama-Impulse	

DIE AUTORINNEN

Kirsten Frielinghausen-Labitzky

- Jahrgang: 1979
- Familienstand: verheiratet
- zwei Söhne (Jahrgang 2013 und 2017)
- Studium: Deutsches und europäisches Wirtschaftsrecht mit Diplomabschluss
- Weiterbildungen: Trainerin, DVNLP
- LernCoach-Trainerin, nlpaed
- Ressourcenorientierter Coach (zertifiziert nach ProC)

Gudrun Heinrichmeyer

- Jahrgang: 1957
- Familienstand: verheiratet
- ein Sohn (Jahrgang 1988)
- eine Tochter (Jahrgang 1991)
- ein Enkelkind (Jahrgang 2020)
- Studium: Psychologie mit Diplomabschluss
- Weiterbildungen: approbierte Psychotherapeutin
- NLP-Lehrtrainerin, DVNLP
- LernCoach-Trainerin, nlpaed
- Lehrcoach, ProC

WEITERE VERÖFFENTLICHUNGEN DER AUTORINNEN

WEITERE EMPFEHLUNGEN FÜR ELTERN

Kinder stark machen

von Vera Rosenauer

Viele Eltern fragen sich, was sie tun können, damit das eigenen Kind bestmöglich gegen die Herausforderungen des Lebens gewappnet sind. Der Schlüssel liegt in der Vermittlung eines positiven Selbstwertgefühls.

Die Autorin zeigt praktische Übungen und einfach umsetzbare Spiele und Rituale, um den Selbstwert des Kindes zu stärken und die Ausrüstung für ein glückliches Leben zu mitzugeben.

Wachs mit mir!

von Ulla König

Bereits Kinder müssen im Alltag mit Stress zurechtkommen. Um das eigenen Kind zu unterstützen, gelassener und zufriedener durch den Tag zu kommen und es zu einem selbstbewussten und glücklichen Menschen heranzuziehen, ist es wichtig, seine Achtsamkeit zu trainieren.

Ulla König erklärt, wie durch kindgerechte Sprache und gezielte Übungen die Achtsamkeit des Kindes gefördert wird. Das Ergebnis ist ein Mehr an Glück, Selbstwert und Zufriedenheit für die ganze Familie.